孔子学院总部/国家汉办
Confucius Institute Headquarters(Hanban)

标准教程
STANDARD COURSE
HSK

主编：姜丽萍
LEAD AUTHOR: Jiang Liping
编者：张军
AUTHOR: Zhang Jun

4上

教师用书 Teacher's Book

北京语言大学出版社
BEIJING LANGUAGE AND CULTURE UNIVERSITY PRESS

图书在版编目（CIP）数据

HSK 标准教程 4（上）教师用书 / 姜丽萍主编；张军编. -- 北京：北京语言大学出版社，2016.4（2017.12 重印）

ISBN 978-7-5619-4502-5

Ⅰ. ① H… Ⅱ. ①姜… ②张… Ⅲ. ①汉语－对外汉语教学－水平考试－教学参考资料 Ⅳ. ① H195.4

中国版本图书馆 CIP 数据核字 (2016) 第 062844 号

HSK 标准教程 4（上）教师用书

HSK BIAOZHUN JIAOCHENG 4 (SHANG) JIAOSHI YONGSHU

责任编辑：王 轩
装帧设计：李 政 李 佳
排版制作：北京创艺涵文化发展有限公司
责任印制：周 燚

出版发行：北京语言大学出版社
社 址：北京市海淀区学院路 15 号，100083
网 址：www.blcup.com
电子信箱：service@blcup.com
电 话：编辑部 8610-82303647/3592/3395
国内发行 8610-82303650/3591/3648
海外发行 8610-82303365/3080/3668
北语书店 8610-82303653
网购咨询 8610-82303908
印 刷：保定市中画美凯印刷有限公司

版 次：2016 年 4 月第 1 版 印 次：2017 年 12 月第 4 次印刷
开 本：889 毫米 × 1194 毫米 1/16 印 张：8.5
字 数：177 千字
03500

PRINTED IN CHINA

致教师

为了方便广大教师对《HSK 标准教程 4》的教学目标、教学内容、教学重点和难点、教学步骤和方法等内容有一个更全面的了解，我们精心编制了《HSK 标准教程 4》上、下两册的教师用书，希望能够减轻教师的工作压力，为教师的课堂教学提供参考。

《HSK 标准教程 4》全书分上、下两册，每册 10 课，共 20 课。我们按照课本及练习册的内容设计了每课的教学环节和授课方法，突出重点和难点，提供了丰富的教学例句和课堂活动，便于教师教学。

一、教学内容和教学目标

从课文主题、语言点、词汇三个方面，概括了每课教学的重点内容，一目了然，使教师能够做到心中有数。

二、教学步骤

（一）复习旧课

复习环节是对前一课教学内容和教学效果的检查与巩固，根据反馈的信息，教师可以了解学生对前一课教学内容的掌握情况。因此在上新课前，我们设计了多样的练习形式。如：

1. 快速认读词语

主要是展示前一课的重点词语，并进行快速认读练习。在熟练认读的基础上，可以把生词扩展成短语或句子。

2. 快速回答问题

通过这个练习，教师可以对学生前一课所学内容的掌握情况进行检查。问题的设计应该结合课文内容、学生实际生活和语言点，既要有层次性，又要有趣味性，让学生“有话可说”。

3. 检查作业

前一课的作业是对学生学习效果的检验，我们会根据前一课的教学内容布置多种类型的作业，如造句练习、口头汇报等。教师可根据教学计划和时间安排，抽查学生的作业完成情况，并给予反馈，起到督促和帮助学生巩固学习效果的作用。

（二）学习新课

1. 热身

热身环节主要是围绕课本中的热身部分设计的。不仅可以导入新课的生词，也可以导入新课的话题或语言点。此环节的主要目的是聚焦学习内容，活跃课堂气氛，增加学生学习的兴趣，激发学生的求知欲。

2. 生词

此环节包括“生词快速认读及正音”“生词讲解方式”“字形辨认练习”和“重点生词扩展及常用搭配”四个部分。这四个部分囊括了全部生词，因此，建议处理时随课文的教学安排出现，如学习“课文 1”时，只处理相应的生词。

“生词快速认读及正音”部分可以采用教师带拼音领读、学生无拼音认读、学生逐词快速认读、学生个别读、学生齐读等不同方式，教师始终要注意纠正学生的错误发音，此部分的目的是加深学生对生词的印象，熟练掌握课文生词的字形、语音、语义。

在“生词讲解方式”部分，我们根据生词的特点，利用教材现有的教学资源及其他教师方便使用的方式，设计了直观法、情景法、对比法、替换法、谐音法、提问启发等多种生词讲解方法，并对每种方法的使用进行了具有可操作性的提示，如直观法中使用的图片、实物、符号的内容，情景法中使用的肢体动作，对比法中的反义词等。

“字形辨认练习”部分，我们提供了本课生字和已学的易混淆字的对比辨认练习，目的是帮助学生进一步熟悉生字的字形。教师可根据教学时间，从字扩展到词，让学生给每对易混淆汉字组词。

“重点生词扩展及常用搭配”中扩展了本课的重点词语，扩展时注意避免出现学生不认识的词语，同时要围绕课文中的典型句子进行。

3. 语言点

语言点环节包括“解析”“导入”“操练”“运用”几个部分，我们根据语言点的特点，提供了其架构形式或公式，简洁明了。同时，对一些需要提醒学生的要点还进行了归纳。建议语言点随课文的教学安排处理，如学习“课文 1”时，只处理相应的语言点。

“导入”“操练”和“运用”部分我们一般利用教材现有资源，联系课堂和学生生活实际，给出 2 ～ 3 个例句、对话或练习，为教师提供了丰富的教学材料，特别是在运用部分，我们设计了 20 多种练习形式，力求帮助学生在真实的语言交际环境中使用所学语言点。

另外，本环节每课中的某一语言点还包括“比一比”的辨析内容，即对一个语言点与其易混淆语言点或词语进行辨析，这是四级教材不同于一、二、三级的特点之一。辨析的详细内容与步骤在课本中已给出具体设计，建议按照课本的安排进行教学，本教师用书中不再重复。

4. 课文

课文的学习和操练是课堂教学环节中非常重要的部分。本环节建议教师从听入手，采用听录音回答问题、学生跟读、教师领读、学生齐读、学生分角色朗读、复述等多种形式，对课文展开学习。多种多样的学习和练习方式不仅可以提高学生的学习效率，还可以增加趣味性。

5. 扩展

本环节的教学主要围绕同字词展开。利用“不同词使用相同汉字”这一特点，归纳整理了当课与已学过的同字词，帮助学生了解汉字组词时的位置、意义和规律，同时还设计了补充练习形式，如辨识真假同字词、同字词造句等，帮助学生以字为线索，进行有效的联想记忆。

6. 课堂活动

汉语教学的重要目的是培养学生运用汉语进行交际的能力。让学生积极参与课堂中的活动，可以使学生体验到真实的交际情景，为课下进行真实的交际提供可能。教师用书中，我们为每课另增设了一个补充活动，将当课的生词、语言点、课文内容融入到活动中。让学生在参与、合作、交际中巩固所学知识，提高自己的语言运用能力。

7. 文化

文化板块也是四级教材不同于一、二、三级的特点之一。根据当课主题和教学内容，结合 HSK 四级真题，每课都提供一个文化点，增加学生的文化知识，帮助学生更全面地了解中国文化。

8. 作业

根据每课语言点、教学内容、文化内容布置相关的作业。

以上是对《HSK 标准教程 4　教师用书》使用方法的一些说明和建议，仅供参考。大体上建议每课的教学时间为 4 ～ 6 学时（即 200 ～ 300 分钟），在实际教学活动中教师可以随时调整、灵活使用。如果需要在课堂上处理练习册中的练习，教学时间可相应延长。

编　者

目 录

1 简单的爱情

一、教学内容和教学目标

主题	爱情 （1）对话：谈恋爱、结婚、婚后生活 （2）短文：什么是浪漫、结婚的原因
语言点	学生能够了解并掌握： （1）“不仅……也 / 还 / 而且……”表示更进一层的意思 （2）“从来”表示从过去到现在都是这样 （3）“刚”表示行动或情况发生在不久以前 * 辨析“刚”和“刚才”的异同 （4）“即使……也……”表示假设的让步 （5）“（在）……上”表示在某种范围内或某一方面
词汇	学生能够： （1）掌握本课 30 个四级大纲词汇的意义和用法 重点词语：印象、深、共同、适合、够、接受、羡慕、感动、自然、吸引 （2）了解两个非大纲词汇的意义：星星、亮 （3）理解“感”字的组词规律及在词汇中的意义

二、教学步骤

一 复习旧课

（本课无）

二 学习新课

1 热身

热身 1：学生两人一组，合作完成；教师指出图片，请学生根据图片说出对应的电影名字，教师核对答案；教师领读热身 1 的电影名字；最后全体学生齐读，教师正音。

答案：①D ②E ③B ④A ⑤F ⑥C

热身 2：教师带领学生熟悉调查表格的内容；学生两人一组，调查对方理想中男 / 女朋友的样子；请 2 ～ 3 名学生报告调查结果。

2 生词

（1）生词快速认读及正音

课文 1（对话）：法律、俩、印象、深、熟悉、不仅、性格

课文 2（对话）：开玩笑、从来、最好、共同、适合、幸福

课文 3（对话）：生活、刚、浪漫、够、缺点、接受

课文 4（短文）：羡慕、爱情、*星星、即使、加班、*亮、感动

课文 5（短文）：自然、原因、互相、吸引、幽默、脾气

- 教师用 PPT 或卡片展示并领读生词（带拼音）；
- 取消拼音，带领学生再次认读；
- 逐词（不带拼音）闪现，请学生快速认读生词；
- 请 3 ～ 5 个学生快速随机认读 3 ～ 5 个生词；
- 最后全体学生快速齐读所有生词。

注意：生词认读过程中，教师始终要注意纠正学生的错误发音。（后课同）

（2）生词讲解方式

直观法（图片）	法律（法院、法庭、律师相关图片）、适合（衣服合适）、幸福（阖家团圆）、浪漫（浪漫求婚）、接受（接受礼物）、爱情（相爱、丘比特）、星星（星空）、加班（公司加班）、感动（看电影感动得哭）
情景法（肢体动作）	亮（开灯）
对比法（反义词对比）	深（深浅对比）
分解法（分解词义）	俩（两、量词）、熟悉（很了解）、开玩笑（说、有意思的事）
谐音法（用英语谐音）	幽默（humor）
替换法（同 / 近义替换）	脾气（性格）
提问启发	印象、性格、共同、缺点、羡慕、自然、原因、互相、吸引 教师提问，引导学生说出句子： 上个星期马克和玛丽第一次见面，马克觉得玛丽人很好，所以……——马克对玛丽的印象很好。 他很有意思，很活泼，对人也很好。我们都很喜欢他。我们为什么喜欢他呢？——他的性格很好。 我喜欢打篮球，你也喜欢打篮球。我们……——我们有共同的兴趣和爱好。 他经常迟到。这点好不好呢？——经常迟到是他的缺点。

（续表）

提问启发	马克找到了一个好工作，我也希望像他一样。——我很羡慕他找到一个好工作。 说到为什么结婚，人们会自然想到什么？——人们会自然想到爱情。 因为她很活泼，所以我喜欢她。她很活泼，这是……——这是我喜欢她的原因。 我帮助你，你也帮助我，我们……——我们互相帮助。 马克觉得玛丽的性格很好，玛丽觉得马克性格也不错，他们希望在一起。他们……——他们在性格上互相吸引。

（3）字形辨认练习

教师用卡片或 PPT 展示，请学生快速辨认并读出，最后给每个字组词。

俩—辆　　悉—意　　适—话

幸—喜　　漫—慢　　爱—受

原—愿　　幽—画　　脾—啤

（4）重点生词扩展及常用搭配

印象—印象不错—你给我的印象—我对他的印象—我对他的印象很好。

深—很 / 比较 / 非常深—感情 / 印象很深—我对他印象很深。

共同—共同的爱好—一个共同的兴趣—两个人在一起，最好能有共同的爱好。

适合—很 / 比较 / 非常适合—适合你—适合你的人—看来你真的找到适合你的人了。

够—够了—钱够了—不够—这些书还不够—两个人共同生活，只有浪漫和新鲜感是不够的。

接受—接受他—接受他的缺点—不接受这个礼物—只有接受了他的缺点，你们才能更好地一起生活。

羡慕—很 / 比较 / 非常羡慕—羡慕你—羡慕浪漫的爱情—很多女孩子羡慕浪漫的爱情。

感动—很 / 非常感动—让我很感动—让我感动的就是生活中简单的爱情。

自然—很 / 比较 / 非常自然—自然想起她—说到结婚，人们会很自然地想起爱情。

吸引—吸引我—很 / 比较 / 非常吸引—这本书非常吸引我—两个人共同生活，需要性格上互相吸引。

3 语言点

（1）不仅……也 / 还 / 而且……

① 语言点解析

“不仅”，连词，用在第一个分句里，第二个分句里常用“也 / 还 / 而且”相呼应，表示除第一个分句所说的意思之外，还有更进一层的意思。当分句的主语相同时，“不仅”在主语后；当主语不同时，“不仅”在主语前。格式：

主语＋不仅……，也 / 还 / 而且……

不仅＋主语 1……，主语 2＋也……

② 语言点导入

根据学生实际，提问导入。

- 教师：你喜欢什么运动？踢足球？游泳？

  学生：我喜欢踢足球，也喜欢游泳。

  教师：用“不仅……还……”怎么说？

  学生：我不仅喜欢踢足球，还喜欢游泳。

  教师突出主语，示意学生两个分句的主语相同。

- 教师：马克喜欢踢足球，山本呢？

  学生：山本也喜欢踢足球。

  教师：不仅马克喜欢踢足球，山本也喜欢踢足球。

  教师突出主语，示意学生两个分句的主语不同。

③ 语言点操练

利用热身 1 图片，提问操练。

教师：这些爱情电影，你看过哪些？

学生：我不仅看过……，还看过……

教师：我看过《泰坦尼克号》，谁还看过？

学生：不仅老师看过《泰坦尼克号》，……也看过。

④ 语言点运用

请学生两人一组，用“不仅……也 / 还 / 而且……”补全对话，并分角色朗读。

I. A：他为什么有这么多朋友呢？

B：________________。

II. A：我真不理解她为什么这么做！

B：________________。

参考答案：I. 他不仅性格好，而且非常喜欢帮助别人。

II. 不仅你不理解，我也不理解。

（2）从来

① 语言点解析

“从来”，副词，表示从过去到现在都是这样，多用于否定句中。格式：

从来＋不＋动词……

从来＋没＋动词 / 形容词＋过……

② 语言点导入

利用图片设置情景，联系学生生活，提问导入。

- 教师给出在图书馆学习、在宿舍上网、在操场打球等图片，最后给出在宿舍睡觉和叉子（×）的图片。

  教师：马克中午回宿舍睡觉吗？

  学生：马克中午从来不睡觉。

- 教师出示儿子 / 女儿结婚时给父母行礼，父母高兴得合不拢嘴的图片。

  教师：看到孩子结婚，他们的爸爸妈妈高兴吗？

  学生：他们的爸爸妈妈从来没这么高兴过。

③ 语言点操练

结合课堂实际，提问操练。

- 教师：马克最近每天学习这么努力，这次考试应该没问题吧？

  学生：他从来没这么努力过，这次一定没问题。

- 教师：你迟到过吗？

  学生：我从来没迟到过。

- 教师：这件衣服很漂亮，但是很贵，5000 块，你会买吗？

  学生：我从来不买这么贵的衣服。

④ 语言点运用

请学生用“从来”补全句子，并朗读。

I. 经过两年的努力，我们班终于得了第一，________________。

II. 从小到大一直是妈妈帮我洗衣服，________________。

III. ________________，所以总是忘记上次课学的。

参考答案：I. 大家从来没有这么高兴过

II. 我自己从来没洗过

III. 他从来不复习

（3）刚

① 语言点解析

“刚”，副词，表示行动或情况发生在不久以前，用于主语后、动词前。可以重叠为“刚刚”。

② 语言点导入

联系课堂实际，提问导入。

- 教师：王老师结婚了吗？

  学生：他上星期刚结婚。

- 教师：你来中国很长时间了吗？

  学生：我上个月刚来中国。

③ 语言点操练

- 利用热身 1 图片，提问操练。

  教师：这些电影的中文名字，你是什么时候知道的？

  学生：我是今天上课刚知道的。

- 结合学生实际，提问操练。

  教师：你刚开始学习汉语的时候，觉得汉语怎么样？

  学生：刚开始学的时候，我觉得有点儿难，现在觉得越学越有意思。

④ 语言点运用

请学生选择“刚”在句子中恰当的位置。

I. 小孩子 A 开始的时候都 B 不爱刷牙，后来 C 慢慢就 D 习惯了。

II. A 对不起，我也是 B 回来，也不太清楚她 C 为什么 D 这么难过。

III. 今天天气 A 比较冷，你 B 记得多穿点儿，别忘了你 C 感冒 D 好。

参考答案：I. A　II. B　III. D

⑤ 比一比：刚—刚才

按照教材中的辨析步骤进行。

（4）即使……也……

① 语言点解析

“即使”，连词，用在第一个分句里，第二个分句里常用“也”相呼应，一般表示假设的让步关系，也可以表示已经发生或存在的事情。“即使”可以用在第一个分句的主语前，也可以用在主语后。前后两个分句的主语可以相同，也可以不同。

② 语言点导入

设置情景，进行导入。

教师：冬天很冷，他每天去操场跑步。

学生目标句：即使冬天很冷，他也每天去操场跑步。

③ 语言点操练

设置情景，进行操练。

- 教师：很多小孩都怕黑，但是姐姐的孩子……

  学生目标句：即使晚上关了灯，姐姐的孩子也不害怕。

- 教师：明天天气不太好，我们还要去打篮球吗？

  学生目标句：快比赛了，即使天气不好，我们也应该去练习。

④ 语言点运用

请学生用“即使……也……”补全句子，并朗读。

I. ____________________，我也要说出我的想法。

II. 即使我一个人去国外旅游，____________________。

III. ____________________，我第二天也常常起不来。

参考答案：I. 即使大家不同意

II. 也一定没问题

III. 即使晚上睡得很早

（5）（在）……上

① 语言点解析

“上”，方位名词，用在其他名词后，除表示在物体的表面以外，还表示在某种范围内或某一方面，比如“在文化上”“在习惯上”“在学习上”等等。

② 语言点导入

联系生活实际，提问导入。

- 教师：中国的文化和你们国家的文化一样吗？
  学生：中国和我们国家在文化上有很多地方不一样。
- 教师：在生活习惯上，你和你的爸爸妈妈一样吗？
  学生：在生活习惯上，我和我的爸爸妈妈很不一样。

③ 语言点操练

直接提问，引导学生说句子。

教师：你认为你的爸爸妈妈，他们谁对你的影响最大？

学生目标句：在性格上，爸爸对我的影响最大。
在爱好上，妈妈对我的影响最大。
……

④ 语言点运用

请学生两人一组，根据情景和提示用“在……上”补全对话，并分角色朗读。

A：你刚来中国一个月，在这里学习、生活习惯吗？

B：因为我的汉语不太好，____________________。（生活）

A：没关系，把汉语学好以后慢慢就好了。

B：别提了，____________________。（学习）

参考答案：在生活上常会遇到一些小问题
在学习上我遇到的问题更大，课上老师说得太快了。

4 课文

（1）就课文内容，教师将下列问题写在黑板上或用PPT展示（或教师给学生发放问题单）：

课文 1

王静和李进学习的是什么专业？

他们是怎么认识的？

为什么王静对李进的印象很深？

课文 2

王静认为和李进在一起快乐吗？

他们有哪些共同的爱好？

王静认为李进适合她吗？为什么？

课文 3

李老师结婚多长时间了？

两个人生活只有浪漫和新鲜感就够了吗？

两个人怎么才能更好地一起生活？

课文 4

很多女孩子都羡慕什么？

年轻人、中年人和老年人认为什么是浪漫？

课文 5

说到结婚，人们会自然想到什么？

爱情和结婚是什么关系？

两个人共同生活，需要哪些条件？

（2）要求学生带着问题听两遍录音并回答问题，教师给出答案；

（3）学生打开课本，教师逐句播放录音，学生看课本听第二次录音并跟读；

（4）教师领读一遍课文；

（5）全班一起大声齐读一遍课文；

（6）请 2 ～ 3 组学生分角色朗读课文，教师正音；

（7）做以下课文扩展练习：

对话课文：教师带领学生根据问题单上问题的答案叙述课文内容，并请学生单个复述。

课文 1

王静学习法律，李进学习新闻，他们是在一次足球比赛中认识的。比赛中，李进一个人踢进两个球，所以王静对他印象很深。李进不仅球踢得好，性格也不错。

课文 2

虽然他们认识的时间不长，但王静从来没这么快乐过。他们有很多共同的爱好，经常一起打球、唱歌、做菜什么的。王静找到了适合她的人。

课文 3

李老师已经结婚快二十年了，她的生活一直很幸福。她说，两个人共同生活，只有浪漫和新鲜感是不够的。两个人在一起时间长了，就会有很多问题。只有接受了他的缺点，才能更好地一起生活。

短文课文：请学生根据课文内容，补全下面的语段，并请学生单个复述朗读。

课文 4

很多女孩子羡慕……（浪漫的爱情）。年轻人说，浪漫是她想要月亮时，你不会……（给她星星）；中年人说，浪漫是即使……（晚上加班到零点），到家时家里也还亮着灯；老年人说，浪漫就是和你一起……（慢慢变老）。

课文 5

说到结婚，人们就会很自然地……（想起爱情）。爱情是结婚的……（重要原因），但两个人……（共同生活），不仅需要浪漫的爱情，更需要……（性格上）互相吸引。我丈夫不仅很幽默，而且……（脾气也不错）。

5 扩展

（1）领读“感到、感动、感冒、感兴趣”四个同字词，请学生说一说“感”字在词中的位置和意义。“感”的义项：

① 觉得：感到、感兴趣

② 感情受到影响而有所感：感动

③ 中医指感受风寒：感冒

（2）请学生说说还有哪些带“感”字的词，教师列在黑板上，如果没有，可补充下列真假同字词，最后请学生判断正误，教师给出正确答案。

感谢　　感觉　　感情　　感疼（×）

（3）请学生完成“选词填空”练习，教师给出答案。

参考答案：①感冒　②感兴趣　③感动　④感到

6 补充课堂活动

很多人都羡慕浪漫的爱情，但是什么是浪漫呢？不同的人有不同的想法。请学生5人一组，分别说一件自己认为最浪漫的事情，并说明原因。每个小组讨论并给这几件事情按浪漫程度排序，最后请每组的代表向全班说说浪漫是什么。

事情	每天一起做饭					
原因						
排序						

7 文化

教师引导学生了解七夕节，可根据需求和时间安排，进行以下参考活动：

- 展示图片，认识牛郎和织女，介绍一下他们的爱情故事；
- 展示图片，介绍七夕节的一些民俗活动，如穿针引线、做小物品等；
- 请学生介绍一下他们国家情人节的风俗习惯。

8 布置作业

- 每个生词写3遍；
- 用本课所学的5个语言点分别造一个句子。

2 真正的朋友

一、教学内容和教学目标

主题	友情 （1）对话：交朋友、同学聚会、回忆学校生活 （2）短文：怎么交朋友、什么是真正的朋友
语言点	学生能够了解并掌握： （1）“正好”表示正合适；恰好 （2）“差不多”表示相近 * 辨析“差不多”和“几乎”的异同 （3）“尽管”表示让步 （4）“却”表示转折 （5）“而”表示补充或转折
词汇	学生能够： （1）掌握本课 30 个四级大纲词汇的意义和用法 重点词语：适应、逛、联系、专门、麻烦、重新、友谊、丰富、周围、理解、困难、及时 （2）理解“系”字的组词规律及在词汇中的意义

二、教学步骤

一 复习旧课

1 使用生词卡片，快速认读下列词语：

印象、深、共同、适合、够、
接受、羡慕、感动、自然、吸引

2 快速回答问题（与第 1 课或学生实际生活有关的问题）：

（1）你认为什么是浪漫？
（2）对结婚来说，爱情重要吗？
（3）你认为两个人共同生活，应该怎样才能幸福？

3 检查作业：

请 5 名学生每人用上节课所学语言点说一个句子。

二 学习新课

1 热身

热身 1：学生两人一组，合作完成；教师指出图片，请学生根据图片说出对应的词语，教师核对答案；教师领读热身 1 的生词；最后全体学生齐读，教师正音。

答案：①F ②C ③E ④A ⑤B ⑥D

热身 2：教师带领学生熟悉调查表格的内容；学生两人一组，调查对方的朋友；请 2～3 名学生报告调查结果，比一比谁调查的情况最有意思。

2 生词

（1）生词快速认读及正音

课文 1（对话）：适应、交、平时、逛、短信、正好

课文 2（对话）：聚会、联系、差不多、专门、毕业、麻烦

课文 3（对话）：好像、重新、尽管、真正、友谊

课文 4（短文）：丰富、无聊、讨厌、却、周围、交流

课文 5（短文）：理解、镜子、而、当、困难、及时、陪

- 教师用 PPT 或卡片展示并领读生词（带拼音）；
- 取消拼音，带领学生再次认读；
- 逐词（不带拼音）闪现，请学生快速认读生词；
- 请 3～5 个学生快速随机认读 3～5 个生词；
- 最后全体学生快速齐读所有生词。

（2）生词讲解方式

直观法（图片、实物）	图片类：逛（逛街）、聚会（热身图片 F）、联系（打电话）、毕业（毕业扔学士帽）、友谊（热身图片 F）、丰富（琳琅满目的美食）、交流（热身图片 B）、陪（两个人逛街） 实物类：短信、镜子
情景法（肢体动作）	周围（手指周围）
分解法（分解词义）	重新（再＋做）、无聊（没有意思）
替换法（同 / 近义词替换）	适应（习惯）、差不多（几乎）、好像（看 / 听上去）、尽管（虽然）、真正（真）、却（但是）、而（但是）、当（在……的时候）
对比法（反义词对比）	讨厌（喜欢）
搭配法	交＋朋友
提问启发	专门、麻烦、理解、困难、及时 教师提问，引导学生说出句子： 你是来中国旅游吗？——我是专门来中国学习汉语的。 如果你想请人帮忙，你会怎么说？——麻烦你帮我一下。 昨天讲的语法你们都懂了吗？——昨天讲的语法，我们都理解了。

（续表）

提问启发	在工作时，我们可能遇到一些很难解决的问题。我们……——我们可能遇到很多困难。 我现在需要朋友的帮助，他正好来找我了。我们可以说……——他来得很及时。

（3）字形辨认练习

教师用卡片或 PPT 展示，请学生快速辨认并读出，最后给每个字组词。

适—话　　交—友　　聚—最

毕—比　　像—象　　谊—姐

丰—三　　讨—时　　及—奶

（4）重点生词扩展及常用搭配

适应—不适应—适应生活—适应这儿的生活——来中国快一年了，你适应这儿的生活了吗？

逛—逛街 / 超市 / 商店—逛（一）逛商店—平时我们常常一起看书、逛街、踢足球。

联系—联系他—联系上他了—联系了很多人—班里同学你联系得怎么样了？

专门—专门来学习 / 旅游—专门来参加聚会—专门从国外飞回来—张远专门从国外飞回来参加聚会。

麻烦—很 / 非常 / 比较麻烦—一个麻烦—不麻烦—麻烦别人—麻烦你—麻烦你跟她联系一下。

重新—重新写 / 说 / 读 / 听—重新回到校园—看到这张照片，好像重新回到了校园。

友谊—我们的友谊—一段友谊—一段真正的友谊—能有一段真正的友谊，是多么不容易！

丰富—丰富生活—朋友可以丰富我们的生活。

周围—他的周围—周围的人 / 楼—跟周围的人一起—我们要经常跟周围的人交流。

理解—理解爸爸 / 问题—我不太理解你的意思—我的理解—不同的人有不同的理解。

困难—很多困难—学生的困难—当你遇到困难的时候，朋友会帮助你。

及时—很 / 比较 / 非常及时—及时来医院—他总是及时给我帮助。

3 语言点

（1）正好

形容词用法

① 语言点解析

"正好"，形容词，正合适，表示（时间、位置、体积、数量、程度等）满足某个条件（不早不晚、不前不后、不大不小、不多不少、不高不低等）。

② 语言点导入

利用情境，提问导入。

- 教师：你们四个人想打车去体育场，要打几辆出租车？

  学生：我们四个人正好打一辆出租车。

- 教师：你在找什么东西啊？需要我帮忙吗？

  学生：你来得正好，我的手机不见了，快来帮我找找。

③ 语言点操练

- 利用图片设置情景，提问操练。

  教师出示一张一个儿童穿着一件有些大的衣服的图片。

  教师：这件衣服的大小适合他 / 她吗？

  学生：有点儿大，明天年穿正好。

- 联系教学情景，提问操练。

  教师：这张桌子（示意讲桌）放在别的地方好不好？

  学生：不好，放在这里正好。

④ 语言点运用

请学生两人一组，根据情景用“正好”补全对话，并分角色朗读。

A：你好，苹果多少钱一斤？

B：三块五一斤。

A：这些苹果有多少斤？

B：________________。

A：这是十四块，给您钱。

B：________________。

参考答案：正好四斤，一共十四块。

钱正好，谢谢。

副词用法

① 语言点解析

“正好”，副词，表示恰好或遇到某个机会做某事。

② 语言点导入

- 利用图片，提问导入。

  教师出示一张符合班里某学生穿衣风格的衣服图片。

  教师：我觉得这件衣服挺适合你，你看看。

  学生：太漂亮了，我正好想买这样的衣服。

- 利用情境，提问导入。

  教师：我要去图书馆把这本词典还了，你去哪儿？

  学生：我打算去图书馆借本书，正好一起去吧。

③ 语言点操练

利用热身 1 图片 C、F，提问操练。

- 图片 C 目标句：我给她打电话时，她正好在逛街。
- 图片 F 目标句：我去她家时，正好她哥哥过生日。

④ 语言点运用（关于两种用法）

请学生两人一组，根据情景用“正好”补全对话，并分角色朗读。

A：听说那个动物园非常好，我想去看看，你想去吗？

B：____________________。

A：你哪天有时间呢？

B：____________________。

参考答案：我也想去，我们正好一起去。
明天正好周末，我们就明天去吧。

（2）差不多

形容词用法

① 语言点解析

“差不多”，形容词，表示相近、差别不大。

② 语言点导入

结合生活实际，提问导入。

• 教师：你们多大了？

学生 1：……岁。

学生 2：……岁。

教师总结：“你们的年龄差不多。”

• 教师：你们是几点到教室的？

学生 1：……

学生 2：……

教师总结：“你们到教室的时间差不多。”

③ 语言点操练

• 利用热身图片 E 操练。

教师：她们的爱好一样吗？

学生目标句：她们的爱好差不多，都喜欢运动。

• 利用图片，进行操练。

教师出示两件颜色、大小差不多的衣服的图片。

教师：这两件衣服一样吗？

学生目标句：这两件衣服的颜色和大小都差不多。

副词用法

① 语言点解析

“差不多”，副词，表示在程度、范围、时间、距离、数量等方面很接近。

② 语言点导入

结合生活实际，提问导入。

- 教师：你每天几点起床？
  学生：……
  教师总结："我每天差不多7点起床。"
- 教师：（以两个身高差不多的学生为例）他们谁比较高？
  学生：……
  教师总结："……跟……差不多一样高。"

③ 语言点操练

- 利用热身图片C，提问操练。
  教师：她一般什么时候去逛街？
  学生目标句：她差不多每个周末都去逛街。
- 联系生活，提问操练。
  教师：从学校到超市有多远？
  学生目标句：从学校走到超市差不多需要10分钟。

④ 语言点运用（关于两种用法）

利用本课热身图片D，请学生两人一组，根据内容提示，介绍一下这两个人（男朋友和女朋友）。

内容提示：I. 他们的性格和爱好
II. 在一起多长时间了
III. 什么时候去旅游
IV. 去过多少个国家

参考答案：I. 他们的性格很活泼，爱好也差不多，都喜欢旅游。
II. 他们在一起差不多三年了。
III. 他们差不多每年9月去旅游。
IV. 现在他们已经去过差不多十个国家了。

⑤ 比一比：差不多—几乎

按照教材中的辨析步骤进行。

（3）尽管

① 语言点解析

"尽管"，连词，表示让步。一般用在复句的前一分句，提出一个事实，后一分句常与"但是、可是、却、还是"搭配使用，表示并不因为前面的事实而不成立。

② 语言点导入

联系学生实际，提问导入。

- 教师：你觉得汉语难吗？你喜欢学习汉语吗？
  学生：汉语比较难，但是我很喜欢。
  教师总结："汉语尽管比较难，但是我很喜欢。"
  教师可提示学生"尽管"和"虽然"意义差不多。

- 教师：父母总是要求你做很多你不喜欢的事，你会听他们的话吗？
  学生：尽管我不喜欢做，但是还是会听他们的话。

③ 语言点操练

结合学生实际，提问操练。

- 教师：……今天病了，……来上课了吗？
  学生目标句：尽管……今天病了，但是……还是来上课了。
- 教师：今天热 / 冷吗？他穿的衣服很多 / 少。
  学生目标句：尽管今天很热 / 冷，可是他穿的衣服很多 / 少。

④ 语言点运用

请学生根据句子意思，连线组成 5 个完整的句子，并朗读。

尽管	但是
I. 马克说的这件事很奇怪	A. 坐地铁很方便
II. 她说晚上会参加聚会	B. 我们已经适应了这里的生活
III. 他生活上有很多缺点	C. 玛丽还是很相信他
IV. 他的家离学校比较远	D. 孙月还是非常爱他
V. 北京的冬天很干	E. 最后还是没有来

参考答案：I. C　II. E　III. D　IV. A　V. B

（4）却

① 语言点解析

“却”，副词，用于主语后、动词前，表示转折，语气比较轻。“却”与“可是”、“不过”等转折语气类似，可搭配使用，但“却”多用于书面语。

② 语言点导入

利用同义词“但是”，结合语言点“尽管”，提问导入。

- 教师：汉语比较难，你们喜欢学习汉语吗？
  学生目标句：尽管汉语比较难，但是我们很喜欢学习。
  教师总结：“尽管汉语比较难，但是我们却很喜欢学习。”
  教师通过重音突出“但是”和“却”在第二个分句中主语前后的位置。
  教师通过重音和手势，区分“但是”、“却”、“可是”在语气上的强弱。
- 教师：我给他打了好几次电话，……
  学生：我给他打了好几次电话，却一直没有人接。

③ 语言点操练

利用热身图片 B、E，提问操练。

- 教师：她们是第一次见面，怎么看起来像老朋友呢？
  图片 B 目标句：尽管是第一次见面，她们却很快成了朋友。
- 教师：她们工作很忙，有时间锻炼身体吗？
  图片 E 目标句：尽管工作很忙，她们却每天坚持锻炼。

④ 语言点运用

利用上一个语言点“尽管”中“语言点运用”练习的句子，请学生用“却”进行改写。

参考答案：I. 尽管马克说的这件事很奇怪，玛丽却还是很相信他。

II. 尽管她说晚上会参加聚会，最后却还是没有来。

III. 尽管他生活上有很多缺点，孙月却还是非常爱他。

IV. 尽管他的家离学校比较远，坐地铁却很方便。

V. 尽管北京的冬天很干，我们却已经适应了这里的生活。

（5）而

① 语言点解析

“而”，连词，用在复句中，连接两个分句，表示补充或者转折关系。表示转折关系，可与“却”搭配使用。

② 语言点导入

- 联系第1课内容。提问导入表示补充关系的用法。

教师：说到结婚，你认为两个人共同生活什么比较重要？

学生：浪漫的爱情很重要，而性格上互相吸引也很重要。

- 利用热身图片C、E，提问导入表示转折关系的用法。

教师：她们周末一般喜欢做什么？

学生：这个人一般喜欢逛街，而那三个人喜欢锻炼身体。

③ 语言点操练

联系学生实际，提问操练。

- 教师：学习汉语听说能力和写汉字的能力都重要吗？

学生目标句：学习汉语听说能力非常重要，而写汉字的能力也很重要。（表示补充关系）

- 教师：他喜欢打篮球，你呢？

学生目标句：他喜欢打篮球，而我喜欢踢足球。（表示转折关系）

④ 语言点运用

请学生用“而”补全句子，并朗读。

I. 对爱情来说，有的人觉得浪漫最重要，______________________。

II. 她的男朋友是学新闻的，______________________。

III. 学汉语要汉字和口语一起学，______________________。

参考答案：I. 而有的人觉得幽默最重要

II. 而她是学法律的

III. 而不要只注意口语 / 汉字

4 课文

（1）就课文内容，教师将下列问题写在黑板上或用PPT展示（或教师给学生发放问题单）：

课文 1

马克来中国多长时间了？

马克最近交了一个什么样的朋友？

他们常常一起做什么？

课文 2

星期天同学聚会小林能来吗？

同学聚会能来多少人？

张远是从国外回来旅游吗？为什么？

他们毕业多长时间了？

课文 3

王静看到照片后想到了什么？

王静毕业后还和好朋友联系吗？

王静认为什么事情非常不容易？

课文 4

为什么每个人都需要朋友？

人们讨厌脾气不好的人，所以他们很难交到朋友？

除了脾气好以外，怎样才能交到更多的朋友？

课文 5

人们对“真正的朋友”的理解一样吗？

当你遇到困难的时候，你认为真正的朋友会怎么做？

当你难过时，你认为真正的朋友会做什么？

（2）要求学生带着问题听两遍录音并回答问题，教师给出答案。

（3）学生打开课本，教师逐句播放录音，学生看课本听第二次录音并跟读；

（4）教师领读一遍课文；

（5）全班一起大声齐读一遍课文；

（6）请 2 ～ 3 组学生分角色朗读课文，教师正音；

（7）做以下课文扩展练习：

对话课文：教师带领学生根据问题单上问题的答案叙述课文内容，并请学生单个复述。

课文 1

马克来中国快一年了，已经适应了这儿的生活。最近他交了一个中国朋友，平时他们常常一起看书、逛街、踢足球，有时候这个中国朋友还给马克发一些幽默短信。

课文 2

小林星期天能来参加同学聚会。毕业快十年了，小林非常想大家。小李联系了班里同学，差不多能来一半儿。张远还专门从国外飞回来。

课文 3

王静一看到这张照片就想起过去那段快乐的日子，好像重新回到了校园。尽管已经毕业很多年了，她和好朋友还是经常联系。能有一个真正的朋友，有一段真正的友谊，非常不容易。

短文课文：请学生根据课文内容，补全下面的语段，并请学生单个复述朗读。

课文 4

朋友可以丰富……（我们的生活），离开朋友，生活会……（非常无聊）。一个脾气不好的人虽然不一定……（让人讨厌），但是却很难跟人交朋友。我们还要经常……（跟周围的人）交流，这样才能……（交到更多的朋友）。

课文 5

什么是真正的朋友？不同的人会有……（不同的理解）。我的理解是：当你遇到困难的时候，真正的朋友会站出来，……（及时给你帮助）；当你无聊或者难过的时候，真正的朋友会……（陪在你身边），想办法让你……（感到幸福）。

5 扩展

（1）领读“联系、关系、没关系”三个同字词，请学生说一说“系”字在词中的位置和意义。“系”的义项：

联结、联系：联系、关系、没关系

（2）教师补充“系”的其他两个常用义项，在黑板上列出下面三个词 / 词组，请学生试着读一读，猜猜“系”字的读音和意思是否一样，最后教师给出正确答案。

关系（xi）　中文系（xì，高校中按学科划分的单位）　系（jì，打结、扣）鞋带

（3）请学生完成“选词填空”练习，教师给出答案。

参考答案：①没关系　②联系　③关系

6 补充课堂活动

请学生介绍一位自己的朋友，说说他们是怎么认识的，他们是怎么成为好朋友的，朋友的特点等等。

7 文化

教师引导学生了解中国的俗语“在家靠父母，出门靠朋友”，可根据需求和时间安排，进行以下参考活动：

- 展示图片，介绍父母和朋友的作用；
- 请学生说几个他们国家有关朋友的俗语；
- 请学生 3 人一组分享朋友帮助自己的故事。

8 布置作业

- 每个生词写 3 遍；
- 准备一张和朋友的合影，介绍一下自己的朋友，大约 3 分钟。

3 经理对我印象不错

一、教学内容和教学目标

主题	求职 （1）对话：参加招聘会、组织招聘、介绍工作情况 （2）短文：面试注意的问题、第一印象的重要性
语言点	学生能够了解并掌握： （1）“挺”表示“很”的意思 （2）“本来”表示原先、原来；按道理应该这样 （3）“另外”表示上文所说范围以外的人或事；除此之外 * 辨析“另外”和“另”的异同 （4）“首先……其次……”表示按某个顺序列举事项 （5）“不管”表示在任何假设的情况下，结论或结果都不变
词汇	学生能够： （1）掌握本课 31 个四级大纲词汇的意义和用法 重点词语：紧张、信心、提供、负责、材料、符合、通知、安排、留、诚实、改变、判断 （2）理解“时”字的组词规律及在词汇中的意义

二、教学步骤

一 复习旧课

1 使用生词卡片，快速认读下列词语：

适应、逛、联系、专门、麻烦、重新、
友谊、丰富、周围、理解、困难、及时

2 快速回答问题（与第 2 课或学生实际生活有关的问题）：

（1）你们有中国朋友吗？一般和中国朋友一起做什么？
（2）朋友对一个人重要吗？人们为什么都需要朋友？
（3）你认为真正的朋友应该是什么样的？

3 检查作业：

请 2 ～ 3 名学生给全班同学介绍一下自己的朋友。

二 学习新课

1 热身

热身 1：学生两人一组，合作完成；教师指出图片，请学生根据图片说出对应的词语，教师核对答案；教师领读热身 1 的生词；最后全体学生齐读，教师正音。

答案：①F ②D ③A ④E ⑤C ⑥B

热身 2：教师带领学生熟悉调查表格的内容；请学生两人一组，调查对方理想的工作是什么样的；请 2～3 名学生汇报调查结果。

2 生词

（1）生词快速认读及正音

课文 1（对话）：挺、紧张、信心、能力、招聘、提供

课文 2（对话）：负责、本来、应聘、材料、符合、通知

课文 3（对话）：律师、专业、另外、收入、咱们、安排

课文 4（短文）：首先、正式、留、其次、诚实

课文 5（短文）：改变、感觉、判断、顾客、准时、不管、与、约会

- 教师用 PPT 或卡片展示并领读生词（带拼音）；
- 取消拼音，带领学生再次认读；
- 逐词（不带拼音）闪现，请学生快速认读生词；
- 请 3～5 个学生快速随机认读 3～5 个生词；
- 最后全体学生快速齐读所有生词。

（2）生词讲解方式

直观法（图片、符号等）	图片类：紧张（热身图片 F）、信心（篮球赛开赛前各队打气）、能力（外国人和中国人用中文聊天）、提供（宾馆提供矿泉水、茶）、材料（制作毽子的材料图）、通知（热身图片 B）、律师（热身图片 A）、收入（数工资）、正式（开会者穿着正装的场面）、顾客（售货员与顾客）、约会（男女烛光晚餐） 符号类：判断（展示√和 ×）
情景法（肢体动作）	留（出门把书留在桌子上）、改变（改变发型/方向等动作）
对比法（反义词对比）	招聘—应聘
替换法（同/近义替换）	挺（很）、咱们（我们）、感觉（觉得）、与（和）
提问启发	负责、符合、专业、安排、诚实、准时 教师提问，引导学生说出句子： 谁负责教你们汉语课？——……负责教我们汉语课。 学校要求 8:30 上课，你们 9 点到教室可以吗？——9 点到教室不符合学校的要求。 你学习什么专业？——我学习经济专业。

（续表）

提问启发	每天怎么才能把很多事情做得又快又好呢？——应该安排好时间。 妈妈问孩子做了什么坏事，孩子都告诉了妈妈。这个孩子……——这个孩子很诚实。 我们班 8:30 上课，同学们 8:30 都来教室了。——同学们来得很准时。

（3）字形辨认练习

教师用卡片或 PPT 展示，请学生快速辨认并读出，最后给每个字组词。

挺—庭　招—照　供—共

责—育　聘—聪　排—非

首—自　式—或　诚—城

（4）重点生词扩展及常用搭配

紧张—很 / 非常 / 比较 / 有点儿紧张—别紧张—我有点儿紧张—面试的时候我有点儿紧张。

信心—（没）有信心—对自己有信心—面试的时候，一定要对自己有信心。

提供—提供机会 / 咖啡 / 宿舍—提供工作机会—提供的工作机会很多—这次招聘会提供的工作机会很多。

负责—负责这个工作—你负责这个工作—这次招聘不是小李负责吗？

材料—一份材料—我的材料—这是他们的材料。

符合—很 / 非常 / 比较符合—符合要求—比较符合我们的要求—这两个人的能力都比较符合我们的要求。

通知—通知朋友 / 他们 / 同事—通知他们开会—你通知他们上午九点来我办公室吧。

安排—安排工作 / 时间—安排得很紧张—时间安排得很紧张—这次来北京，时间安排得很紧张。

留—留下—留下印象—留下一个好印象—给面试者留下一个好印象。

诚实—很 / 非常 / 比较诚实—对人诚实—回答问题时要诚实。

改变—改变印象 / 习惯 / 方法—改变很困难—印象改变起来很困难。

判断—你的判断—判断对错—对你的判断—影响他们对你的判断。

3 语言点

（1）挺

① 语言点解析

“挺”，副词，表示“很”的意思，常用结构“挺……的”。

② 语言点导入

联系课堂实际，提问导入。

- 教师：你们觉得汉语有意思吗？

  学生：汉语挺有意思的。
- 教师：马克的中国朋友经常帮助他练习汉语，这个中国朋友怎么样？

  学生：马克的中国朋友挺不错的。

③ 语言点操练

利用热身图片 C、F，提问操练。

- 教师：招聘会上的人多吗？

  图片 C 目标句：招聘会上的人挺多的。
- 教师：他现在紧张吗？

  图片 F 目标句：他现在挺紧张的。

④ 语言点运用

利用本课热身图片 E，请学生两人一组，根据内容提示，说说这次考试怎么样。

内容提示：I. 难不难？
II. 题多不多？
III. 紧张吗？
IV. 有信心吗？

参考答案：I. 这次考试挺难的。
II. 考试的题挺多的。
III. 每个同学都挺紧张的。
IV. 对通过考试，我挺没有信心的。

（2）本来

表示“原先、原来”

① 语言点导入

利用热身图片 A，提问导入。

教师：她原来想学新闻，但是现在学习什么？

图片 A 目标句：她本来想学新闻，但是现在学习法律。

教师：刚开始学习法律时，她觉得很难，现在呢？

学生：她本来觉得学习法律挺难的，但现在越学越有意思。

② 语言点操练

联系学生实际，提问操练。

- 教师：这件衣服本来是什么颜色吗？

  学生目标句：这件衣服本来是红色的。
- 教师：你不是说寒假回国吗？怎么还在北京？

  学生目标句：我本来是想回国，但是后来有一个很好的工作机会，就留在北京了。

表示"按道理应该这样"

① 语言点导入

利用情境，提问导入。

教师：你们都知道大卫生病了，但他还是参加了运动会，现在他的病更重了。你认为大卫应该不应该这么做？

学生：大卫的病没好，本来不应该参加运动会。

② 语言点操练

联系学实际，进行操练。

教师：你们是学生，按道理应该……/ 不应该……

学生目标句：我们是学生，本来就应该好好学习。/
我们是学生，本来就应该当天的作业当天做完。/
我们是学生，本来就不应该上课迟到。

③ 语言点运用（关于两种用法）

请学生两人一组，根据提示用"本来"补全对话，并分角色表演。

A：这次怎么下午两点才开会啊？

B：________________。（表示"原先、原来"）

A：王力没参加今天的会吗？

B：________________。（表示"按道理应该这样"）

参考答案：本来是上午九点开会，可是经理突然有别的重要的工作，后来改成下午两点了。
他出差还没回来，本来也参加不了。

（3）另外

① 语言点解析

"另外"，代词，表示上文所说范围以外的人或事，常用格式：

另外（的）+ 数量（+ 名词）

另外 + 的（+ 名词）

连词，表示"除此以外"的意思，可以连接小句、句子等。

副词，表示在上文所说范围以外，常跟"还"、"再"、"又"连用。

② 语言点导入

利用买衣服的情景，提问导入。

- 教师：你觉得这件衣服适合我还是另外一件适合我？

学生目标句：我觉得另外一件更适合你。

教师总结：这里"另外"是代词用法，可以说"另外一件衣服""另外（的）一件"。

- 教师：为什么另外一件更适合我呢？

学生目标句：它的颜色更好看，另外，大小也正好。

教师总结：这里"另外"是连词用法。

- 教师：我觉得穿那件衣服的时候，还得再穿一条白色的裤子。

  学生目标句：那你还应该另外再买一条白色的裤子。

  教师总结：这里"另外"是副词用法。

③ 语言点操练

利用热身图片 D，提问操练。

教师：你觉得这个人符合我们公司的要求吗？

学生：我觉得另外一个人更符合。

教师：为什么？

学生：那个人的性格很活泼，另外，她的专业也是我们需要的。

教师：我要通知她明天来上班，另外还应该告诉她什么？

学生：你通知她明天来上班，另外还应该告诉她一些公司的要求。

④ 语言点运用（关于三种用法）

利用热身图片 E 的场景，请学生根据提示用"另外"补全对话，并分角色表演。

A：咱们班同学都通过考试了吗？

B：______________________________！（十个通过，五个没通过）

A：这次考试怎么这么多同学没有通过啊？

B：______________________________！

A：对了，你是怎么复习的？真羡慕你能通过考试！

B：你要好好复习生词，______________________________。

参考答案：只有十个同学通过了，另外五个同学没通过。

这次考试的题比较难，另外，时间也不够。

另外再多练习一下听力。

⑤ 比一比：另外—另

按照教材中的辨析步骤进行。

（4）首先……其次……

① 语言点解析

"首先……其次……"，常用在书面语中搭配使用，表示按某个顺序列举事项。

② 语言点导入

联系学生实际，提问导入。

- 教师：怎么才能学好汉语呢？你们有什么好办法？

  学生：首先应该好好复习，其次应该多听多说。

- 教师：听力说得太快了，我总是听不明白。你是怎么做的？

  学生：首先，如果听不懂一个句子，你不要着急，可以先听后面。其次，要把听不懂的词记下来，然后查词典，方便以后慢慢复习。

③ 语言点操练

联系本课情景，提问操练。

教师：去应聘时，你认为应该怎样？

学生：首先要诚实，其次要相信自己的能力。

……

④ 语言点运用

请学生用“首先……，其次……”说说在下面几种情况下应该怎么办。

I. 父母不同意自己的看法，你怎么办？

II. 怎么才能交到朋友？

III. 你负责找适合同学聚会的饭馆，你应该怎么选择？

（5）不管

① 语言点解析

“不管”，连词，表示在任何假设的情况下，结论或结果都不变。常跟“多（么）”“怎么”“谁”“哪儿”“什么”等疑问代词连用，也可以带含有“还是”的选择句式或含有“不 / 没”的正反句式，后一个分句常有“都”等词语。

② 语言点导入

联系生活实际，提问导入。

- 教师：天气越来越冷，你还每天去公园跑步吗？

  学生：不管天气多（么）冷，我都每天去公园跑步。

  教师：如果下雨呢？

  学生：不管下不下雨，我都每天去公园跑步。

  不管什么天气，我都每天去公园跑步。

  不管天气好还是不好，我都每天去公园跑步。

- 教师：他性格很活泼，人也很好，你们都喜欢跟他交朋友吗？

  学生：不管是谁，都喜欢跟他交朋友。

- 教师：这些地方都特别漂亮，你想去哪儿旅游？

  学生：不管去哪儿，我都很高兴。

  不管去哪个地方，我都很高兴。

- 教师：怎么去长城比较方便呢？

  学生：不管怎么去，都很方便。

  教师：长城什么时候去比较漂亮呢？

  学生：不管什么时候去，长城都很漂亮。

- 教师：这件衣服你穿很漂亮，但是可能很贵。

  学生：不管多少钱，我都要买。

教师总结：

不管 + [多（么） / 谁 / 什么 / 哪儿 / 哪 / 怎么 / 什么时候 / 多少 / ……还是…… / ……不/没……]，……都……

③ 语言点操练

联系学生实际，提问操练。

- 教师：你喜欢看什么电影？

  学生：不管什么电影，我都喜欢看。
- 教师：马克病了，我们一起去看看他吧，你什么时候方便？

  学生：不管什么时候，我都很方便。
- 教师：我担心他不同意我的想法，所以我没告诉他。

  学生：不管他同意不同意，你都应该告诉他你的想法。

④ 语言点运用

请学生补全句子，并朗读。

I. 不管新闻专业还是法律专业，____________________。

II. ____________________，他都知道。

III. ____________________，互相帮助都非常重要。

参考答案：I. 我都喜欢学

II. 不管问他什么问题

III. 不管和谁 / 不管是朋友之间，还是同事之间

4 课文

（1）就课文内容，教师将下列问题写在黑板上或用PPT展示（或教师给学生发放问题单）：

课文 1

小雨觉得这次面试怎么样？

小夏认为面试时应该怎么做？

3 月 15 号他们一起去哪儿？为什么？

课文 2

这次招聘为什么让小林负责？

有几个人通过了笔试和面试？

马经理让小林通知他们做什么？

课文 3

王静毕业后做什么工作了？

王静学的是什么专业？

王静喜欢现在的工作吗？为什么？

课文 4

面试的时候为什么要穿正式的衣服？

回答问题时应该注意什么问题？

课文 5

改变给别人的第一印象容易吗？

给别人的第一印象重要吗？为什么？

上课、上班或者约会，应该注意什么问题？

（2）要求学生带着问题听两遍录音并回答问题，教师给出答案；

（3）学生打开课本，教师逐句播放录音，学生看课本听第二次录音并跟读；

（4）教师领读一遍课文；

（5）全班一起大声齐读一遍课文；

（6）请 2～3 组学生分角色朗读课文，教师正音；

（7）做以下课文扩展练习：

对话课文：教师带领学生根据问题单上问题的答案叙述课文内容，并请学生单个复述。

课文 1

小雨觉得面试的问题都挺容易的，就是他有点儿紧张。小夏认为面试时一定要对自己有信心，要相信自己的能力。3 月 15 号在学校体育馆还有一个招聘会，他们想一起去看看。

课文 2

这次招聘本来是小李负责的，但是他突然生病住院了，就交给小林负责了。这次招聘会一共有 15 个人，经过笔试和面试，有两个人的能力比较符合要求，马经理让小林通知他们下周一去他的办公室。

课文 3

王静一毕业就去上海当律师了，她很喜欢现在的工作，因为她学的就是法律专业，而且同事们都很喜欢她。另外，收入也不错。

短文课文：请学生根据课文内容，补全下面的语段，并请学生单个复述朗读。

课文 4

面试的时候，首先，要穿正式的衣服，这会给面试者……（留下一个好印象）。其次，应聘时……（不要紧张）。回答问题时，说得……（不要太快），声音……（也不要太小），最重要的是回答问题……（要诚实）。

课文 5

第一印象不总是对的，但……（改变起来）却很困难。你给别人的第一印象会影响他们对你的……（感觉和判断）。如果给别人留下像不准时这样的坏印象，以后就很难让别人相信你。不管是上课、上班，还是与别人约会……（准时都非常重要）。

5 扩展

（1）领读"时候、时间、及时、平时、准时"五个同字词，请学生说一说"时"字在词中的位置和意义。"时"的义项：

① 时间：时间、时候

② 比较长的一段时间：平时

③ 规定的时候，某个时候：及时、准时

（2）请学生说说还有哪些带"时"字的词，教师列在黑板上，如果没有，可补充下列真假同字词，最后请学生判断正误，教师给出正确答案。

小时　　不时　　限时

多时　　年时（×）　　久时（×）

（3）请学生完成"选词填空"练习，教师给出答案。

参考答案：①时间　②平时　③时候　④及时　⑤准时

6 补充课堂活动

假设你的朋友准备参加一个面试，但是他 / 她很紧张，不知道怎么准备，请学生 4 人一组讨论一下，最后给他 / 她提出你们的建议。

7 文化

教师引导学生了解中山装和旗袍，可根据需求和时间安排，进行以下参考活动：

- 教师利用实物或图片，演示中山装和旗袍；
- 请 3 个学生说说中山装和旗袍的特点；
- 请 3 个同学简单介绍一下他们国家的传统正式服装。

8 布置作业

- 每个生词写 3 遍；
- 用本课所学的 5 个语言点分别造一个句子。

4 不要太着急赚钱

一、教学内容和教学目标

主题	怎么做好工作 （1）对话：换工作、做工作计划、做生意越来越难 （2）短文：按时完成工作、年轻人不要急着赚钱
语言点	学生能够了解并掌握： （1）“以为”表示说话人认为的事情跟事实不符 （2）“原来”表示从前、以前某一时期；以前的、没有改变的；发现了以前不知道的情况 ＊辨析“原来”和“本来”的异同 （3）“并”加强否定的语气 （4）“按照”表示“根据”的意思 （5）“甚至”强调突出的事例
词汇	学生能够： （1）掌握本课30个四级大纲词汇的意义和用法 重点词语：完全、赚、调查、计划、保证、提醒、按照、感谢、按时、不得不 （2）了解一个非大纲词汇的意义：并 （3）理解“法”字的组词规律及在词汇中的意义

二、教学步骤

一 复习旧课

1 使用生词卡片，快速认读下列词语：

紧张、信心、提供、负责、材料、符合、
通知、安排、留、诚实、改变、判断

2 快速回答问题（与第3课或学生实际生活有关的问题）：

（1）你参加过面试吗？什么时候需要面试？
（2）面试时应该注意哪些问题？
（3）别人给你的第一印象会影响你对他的感觉和判断吗？为什么？

3 检查作业：

请5名学生每人用上节课所学语言点说一个句子。

二 学习新课

1 热身

热身1：学生两人一组，合作完成；教师指出图片，请学生根据图片说出对应的词语，教师核对答案；教师领读热身1的生词；最后全体学生齐读，教师正音。

答案：①D ②F ③E ④A ⑤B ⑥C

热身2：教师带领学生了解四种情况；请学生两人一组，讨论一下哪个工作最容易，哪个最难，并给它们排序；请2～3名学生介绍排序结果和原因。

2 生词

（1）生词快速认读及正音

课文1（对话）：提、以为、份、完全、赚

课文2（对话）：调查、原来、计划、提前、保证、提醒、乱

课文3（对话）：生意、谈、*并、积累、经验、一切

课文4（短文）：按照、成功、顺利、感谢、消息、按时、奖金

课文5（短文）：工资、方法、知识、不得不、甚至、责任

- 教师用PPT或卡片展示并领读生词（带拼音）；
- 取消拼音，带领学生再次认读；
- 逐词（不带拼音）闪现，请学生快速认读生词；
- 请3～5个学生快速随机认读3～5个生词；
- 最后全体学生快速齐读所有生词。

（2）生词讲解方式

直观法（图片）	赚（热身图片B）、计划（一张计划时间表）、保证（结婚互道誓言时）、乱（热身图片C）、谈生意（热身图片F）、经验（老工人指导新手）、成功（比赛获胜）、感谢（热身图片D）、按时（热身图片A）、知识（热身图片E）、责任（父母照顾孩子）
替换法（同/近义替换）	提（说）、方法（办法）、不得不（必须）
搭配法	份＋材料
归纳法（相关词汇归纳）	奖金、工资、收入
提问启发	完全、调查、提前、提醒、一切、按照、顺利、消息 教师提问，引导学生说出句子： 你适应在中国的生活吗？——我完全适应在中国的生活。 我们学校有多少个国家的留学生？怎么才能知道？——我们调查一下学校有多少个国家的留学生。 我们8:30上课，马克8:00到教室。——马克提前半个小时到教室。 明天9:00开会，但是我怕自己忘了。请你……——请你提醒我明天开会。

（续表）

提问启发	打电话时你说在中国学习、生活等等都很好，让父母别担心，你会说……——我在中国一切都好，别担心。 我听了老师说的学习方法，汉语水平提高很快。——按照老师的方法，我的汉语水平提高很快。 完成工作时，没有遇到困难和问题，工作完成得怎么样？——工作完成得很顺利。 同学们，明天我们放假。——老师告诉我们一个好消息。

（3）字形辨认练习

教师用卡片或 PPT 展示，请学生快速辨认并读出，最后给每个字组词。

调—周　　划—到　　提—题

醒—酒　　乱—话　　并—开

积—和　　验—脸　　资—货

（4）重点生词扩展及常用搭配

完全—完全清楚 / 明白 / 习惯 / 适应—完全适应新工作—完全适应一个新工作需要一年时间。

赚—赚钱—赚很多钱—不要太急着赚钱。

调查—调查一下—调查大学生的锻炼情况——个 / 次 / 份调查—调查需要一个月—那份调查要多长时间才能做完？

计划—计划一下—计划明年的工作——个计划—以前的计划—按计划完成工作。

保证—我保证—向你 / 他 / 朋友保证—保证完成任务—我保证周末做完工作。

提醒—妈妈 / 同学提醒—提醒他 / 你 / 自己—提醒自己安排好时间。

按照—按照计划 / 老师的话—按照计划完成工作—今年的工作都按照计划完成了。

感谢—很 / 非常 / 特别感谢—感谢你 / 大家—非常感谢大家对我的帮助！

按时—按时完成 / 来 / 到—按时完成工作—大家按时完成了工作。

不得不—不得不做 / 去 / 听—不得不去做不喜欢的事—我们有时候不得不去做自己不喜欢的工作。

3 语言点

（1）以为

① 语言点解析

“以为”，动词，表示说话人认为的事情跟事实不符。

② 语言点导入

- 利用图片（一个日本人），提问导入。

教师：他是中国人吗？

学生：你以为他是中国人，其实他是日本人。

• 利用热身图片 C，继续提问。

教师：按照工作计划，他认为明天就能把工作做完。

学生：他以为明天就能把工作做完，其实这么多工作不可能做完。

③ 语言点操练

• 利用热身图片 A，进行操练。

教师：今天路上车很多，我想他会迟到。

学生：我以为他会迟到，但是他按时来了。

• 联系学生生活，进行操练。

教师：今天有人来宿舍送东西，我想应该是给我的。

学生：我以为东西是给我的，其实是给同屋的。

④ 语言点运用

请学生用“以为”说说下面的情况。

I. 我觉得玛丽喜欢我。（玛丽喜欢马克）

II. 这件衣服孙月觉得是 500 块。（这件衣服 1000 块）

III. 我们都认为他大学毕业后会工作。（他大学毕业后出国留学了）

参考答案：I. 我以为玛丽喜欢我，其实玛丽喜欢马克。

II. 孙月以为这件衣服 500 块，其实是 1000 块。

III. 我们都以为他大学毕业后会工作，其实他出国留学了。

（2）原来

名词用法

① 语言点解析

“原来”，名词，表示“开始的时候、从前”的意思，后面接的分句或句子所描述的情况跟以前的情况不同。

② 语言点导入

利用同义表达“以前”，替换导入。

• 教师：以前手机上网快吗？现在呢？

学生目标句：现在手机上网比原来快多了。

• 教师：你对北京语言大学这么了解，以前是不是在那儿学习过啊？

学生目标句：是的，原来我在北京语言大学学习过汉语。

③ 语言点操练

联系生活实际，提问操练。

• 教师：你现在还每天去公园跑步吗？

学生：原来经常去公园，现在在学校里跑了。

• 教师：最开始人们能想到网上购物会被这么多人接受吗？

学生：原来人们想不到网上购物能被这么多人接受。

形容词用法

① 语言点解析

"原来"，形容词，表示"以前的、没有改变的"的意思。

② 语言点导入

利用同义表达"以前"，替换导入。

- 教师：玛丽，听说你以前不是老师，你以前是做什么的？

  学生目标句：我原来的职业是律师，当律师太累了，所以换了工作。

- 教师：你还住在学院路吗？

  学生目标句：原来的房子卖了，我现在搬到西单了。

③ 语言点操练

利用情境，提问操练。

- 教师：你的专业一直都是法律吗？

  学生：我原来的专业是新闻，现在我学习法律。

- 教师：我认为公司这个新计划很好，你觉得呢？

  学生：是的，原来的计划中很多问题没有考虑到。

副词用法

① 语言点解析

"原来"，副词，表示发现了以前不知道的情况或有所醒悟，多用在主语前面。

② 语言点导入

联系课堂实际，提问导入。

- 教师：马克怎么没来上课呢？

  学生：……（生病了）

  教师：原来马克病了。（教师表演出一种突然明白的表情）

- 教师：你昨天找到你的应聘材料了吗？你把它忘在哪儿了？

  学生：找到了，原来我把材料忘在图书馆了。

③ 语言点操练

联系生活实际，提问操练。

教师：我给你发的 e-mail 你收到了吗？

学生：没有啊。

教师：这是你的 e-mail 吗？

学生：不是。原来您把我的 e-mail 记错了。

④ 语言点运用（关于三种用法）

请学生用"原来"补全下面的句子，并朗读。

I. ________________________，现在常跟中国人聊天练习听力。

II. 经理觉得现在这个方法不太好，________________________。

III. 我一直觉得她在上海工作，＿＿＿＿＿＿＿＿＿＿＿＿。

参考答案：I. 他原来常看中文电影练习听力

II. 我们还是用原来的方法吧

III. 原来她离开上海很久了

⑤ 比一比：原来—本来

按照教材中的辨析步骤进行。

（3）并

① 语言点解析

"并"，副词，用在"不、没（有）"等否定词前边，加强否定的语气。

② 语言点导入

利用情境，进行导入。

- 教师：天气预报说今天只有 3 度，可能会下雪。

  学生：我觉得今天并没有那么冷。

- 教师：有人说昨天看见你和女朋友一起吃饭了，我怎么不知道你已经有女朋友了？

  学生：昨天和我吃饭的并不是我女朋友，而是我妹妹，她来北京旅游的。

③ 语言点操练

利用热身图片 A、B，进行操练。

- 教师：我觉得他迟到了。

  图片 A 目标句：他并没有迟到，他按时来了。

- 教师：很多人觉得对刚工作的人来说，工资最重要。你同意吗？

  图片 B 目标句：我觉得对刚工作的人来说，工资并不是最重要的。

④ 语言点运用

请学生两人一组，用"并"完成对话，并分角色表演。

A：你怎么了？怎么看起来这么不高兴？

B：＿＿＿＿＿＿＿＿＿＿＿＿＿＿。

A：你的爸爸妈妈不理解你，难道你没有告诉他们你的想法吗？

B：＿＿＿＿＿＿＿＿＿＿＿＿＿＿。

参考答案：因为我的爸爸妈妈并不理解我换工作的事情。

我并没有告诉他们，我觉得这是我自己的事。

（4）按照

① 语言点解析

"按照"，介词，表示"根据"的意思。

② 语言点导入

利用热身图片 A、C，提问导入。

- 教师：按照公司的要求，他应该几点以前把东西送到？

  图片 A 目标句：按照公司的要求，他应该 11 点以前把东西送到。
- 教师：他什么时候能把这些工作做完？

  图片 C 目标句：按照时间安排，他周末能把工作做完。

③ 语言点操练

利用热身图片 F、D，提问操练。

- 教师：我们明天开会的事没有变化吧？

  图片 F 目标句：我们还是按照原来的计划进行。
- 教师：为了感谢妈妈，我们一般什么时候送妈妈礼物？

  图片 D 目标句：按照习惯，我们一般母亲节时送妈妈礼物。

④ 语言点运用

请学生选择“按照”在句子中恰当的位置。

I. 他们 A 没有 B 经理说的 C 做，所以才没有按时 D 完成工作。

II. 有的人 A 很少说什么，但却 B 自己的想法 C 慢慢往前走，最后 D 取得了成功。

III. 李进 A 你的 B 这份计划不错，就 C 这个计划 D 去做调查吧。

参考答案：I. B　II. B　III. C

（5）甚至

① 语言点解析

“甚至”，副词，强调突出的事例，可以放在并列的名词、动词、小句的最后一项之前，突出这一项。

② 语言点导入

利用图片（图片 1：努力工作的人；图片 2：狗叫人起床），提问导入。

- 教师：他特别努力，他一天能做多少工作？

  图片 1 目标句：他特别努力，他一天能做完别人两天甚至三天的工作。
- 教师：他的狗特别聪明，他的狗会做什么？

  图片 2 目标句：他的狗特别聪明，它会开门甚至会叫人起床。

③ 语言点操练

联系生活，提问操练。

- 教师：我找王老师有急事，他办公室没有人，怎么才能联系到他呢？

  学生：我也没办法，他不用手机，不上 QQ，甚至没有电子邮箱。
- 教师：他的汉语这么好，你觉得他能过 HSK 几级？

  学生：他的汉语这么好，我觉他能过 HSK 五级甚至六级。

④ 语言点运用

请学生用“甚至”补全下面的句子，并朗读。

I. 她总是记不住生词，＿＿＿＿＿＿＿＿＿＿＿＿。

II. 超市离学校很近，________________________。

III. 马克会说很多种外语，________________________。

参考答案：I. 以前的生词甚至刚学完的生词都记不住

II. 骑自行车甚至走路去都可以

III. 英语、法语、汉语甚至日语

4 课文

（1）就课文内容，教师将下列问题写在黑板上或用PPT展示（或教师给学生发放问题单）：

课文 1

小李上次那份工作做了多长时间？

小李喜欢现在的工作吗？为什么？

小林为什么不同意经常换工作？

课文 2

调查原来计划多长时间做完？

小李保证什么时候做完调查？

王经理告诉小李一个什么好办法？

课文 3

马经理为什么很高兴？

马经理觉得做生意容易吗？

马经理觉得他们公司以后会怎么样？

课文 4

“我”为什么要感谢大家？

马经理让“我”告诉大家什么消息？

课文 5

刚开始工作时，年轻人不要做什么？

对刚工作的年轻人来说，什么更重要？

我们为什么要对工作有责任心？

（2）要求学生带着问题听两遍录音并回答问题，教师给出答案；

（3）学生打开课本，教师逐句播放录音，学生看课本听第二次录音并跟读；

（4）教师领读一遍课文；

（5）全班一起大声齐读一遍课文；

（6）请 2 ～ 3 组学生分角色朗读课文，教师正音；

（7）做以下课文扩展练习：

对话课文：教师带领学生根据问题单上问题的答案叙述课文内容，并请学生单个复述。

课文 1

小李上次那份工作只做了两个月就离开了，他以为新工作会比以前的好，没想到还没有以前好呢。小林觉得完全适应一个新的工作需要一年时间，经常换工作不一定好。

课文 2

那份调查按原来的计划要两周做完，但是小李保证可以提前完成，周末就能做完。王经理告诉小李每天早上把当天要做的事情写在笔记本上，提醒自己安排好时间，这样就不会手忙脚乱了。

课文 3

马经理和上次那个公司的生意终于谈成了。他原来以为做生意很简单，做起来才发现其实并不容易。不过他相信经过努力，公司的生意会越做越大，一切都会好的。

短文课文：请学生根据课文内容，补全下面的语段，并请学生单个复述朗读。

课文 4

因为有……（大家的努力），我们成功地……（解决了问题），顺利地……（完成了工作），非常感谢大家对我的帮助！马经理让我告诉大家一个好消息，因为大家……（按时完成了工作），公司决定这个月给每人多发三千元奖金。

课文 5

年轻人刚开始工作的时候，不要太急着赚钱，不要眼睛里……（只有工资和奖金），重要的是丰富自己的……（工作经验），学习与同事交流的方法，积累……（专业知识）。很多时候，我们不得不去做自己不愿意做甚至是不喜欢的工作，所以我们最需要的是……（对工作的责任心）。

5 扩展

（1）领读“办法、法律、方法”三个同字词，请学生说一说“法”字在词中的位置和意义。“法”的义项：

① 方法、方式：办法、方法

② 法律、法令等：法律

（2）请学生说说还有哪些带“法”字的词，教师列在黑板上，如果没有，可补充下列真假同字词，最后请学生判断正误，教师给出正确答案。

写法	累法（×）	想法	病法（×）
说法	吃法	看法	书法

（3）请学生完成“选词填空”练习，教师给出答案。

参考答案：①法律　②办法　③方法

6 补充课堂活动

学生 4 人一组，讨论下面的情况，说说自己会选择哪种工作并说明原因。

如果你正在准备找工作，现在有两个工作：一个工作比较累，但是有很多学习机会，以后会越来越好；另一个工作很轻松，不需要再学习，但是以后也不会变得更好。

7 文化

教师引导学生了解“授人以鱼不如授人以渔”的思想，可根据需求和时间安排，进行以下参考活动：

- 展示两张图片，说明“鱼”和“渔”的意思和所比喻的意义；
- 请学生举例说说“渔”（方法）的重要性；
- 请 3 ～ 5 个学生说说他们国家类似的俗语。

8 布置作业

- 每个生词写 3 遍；
- 如果你是经理，你的同事顺利完成了工作，你会怎么感谢他们？请准备一段感谢他们的话，时间大约 3 分钟。

5 只买对的，不买贵的

一、教学内容和教学目标

主题	购物 （1）对话：家具店买沙发、商场买冰箱、超市买葡萄酒 （2）短文：买衣服的标准、网上购物
语言点	学生能够了解并掌握： （1）“肯定”表示一定；确定的；承认的 （2）“再说”表示（把事情）留到以后办理或考虑；对前面的情况进行补充 （3）“实际”表示客观存在的事物或情况；真实的 （4）“对……来说”表示站在某一角度看问题 （5）“尤其”表示整体情况中最突出的方面 * 辨析“尤其”和“特别”的异同
词汇	学生能够： （1）掌握本课 30 个四级大纲词汇的意义和用法 重点词语：打折、流行、顺便、实在、邀请、考虑、浪费、受到、任何 （2）了解一个非大纲词汇的意义：制冷 （3）理解“准”字的组词规律及在词汇中的意义

二、教学步骤

一 复习旧课

1 使用生词卡片，快速认读下列词语：

完全、赚、调查、计划、保证、
提醒、按照、感谢、按时、不得不

2 快速回答问题（与第 4 课或学生实际生活有关的问题）：

（1）你认为经常换工作好不好？为什么？
（2）你认为有责任心对工作的人来说重要吗？为什么？
（3）每天有很多事情要做，怎么才能不手忙脚乱？

3 检查作业：

请 3 名学生简单介绍一下怎么感谢自己的同事。

二 学习新课

1 热身

热身 1：学生两人一组，合作完成；教师指出图片，请学生根据图片说出对应的词语，教师核对答案；教师领读热身 1 的生词；最后全体学生齐读，教师正音。

答案：①F ②A ③D ④C ⑤B ⑥E

热身 2：教师带领学生熟悉调查表格的内容；请学生两人一组，调查对方在网上买东西的情况；请 2 ～ 3 名学生汇报调查结果。

2 生词

（1）生词快速认读及正音

课文 1（对话）：家具、沙发、打折、价格、质量、肯定、流行

课文 2（对话）：顺便、台、光、实在、*制冷、效果、现金

课文 3（对话）：邀请、葡萄、艺术、广告、味道、优点、实际

课文 4（短文）：考虑、标准、样子、年龄、浪费

课文 5（短文）：购物、尤其、受到、任何、寄

- 教师用 PPT 或卡片展示并领读生词（带拼音）；
- 取消拼音，带领学生再次认读；
- 逐词（不带拼音）闪现，请学生快速认读生词；
- 请 3 ～ 5 个学生快速随机认读 3 ～ 5 个生词；
- 最后全体学生快速齐读所有生词。

（2）生词讲解方式

直观法（图片）	家具（家具图片）、沙发（热身图片 B）、打折（热身图片 D）、价格（价签）、流行（时装走秀）、现金（热身图片 A）、邀请（邀请跳舞）、葡萄（葡萄图片）、艺术（798 雕塑、绘画等）、广告（热身图片 E）、味道（甜点图片）、样子（甜点图片）、浪费（水龙头漏水）
情景法（肢体动作）	制冷（指着空调，感受冷气）
替换法（同 / 近义替换）	光（只）、实在（真的）、考虑（想）
对比法（反义词对比）	优点（缺点）
分解法（分解词义）	购物（买 + 东西）
搭配法	台 + 冰箱，寄 + 信
提问启发	顺便、效果、标准、年龄、受到、任何 教师提问，引导学生说出句子： 我回家的路上有一个超市，所以回家时经常……——顺便去超市买东西。 这种感冒药怎么样？——这种药效果很好。 老师汉语说得怎么样？标准吗？——老师说得很标准。 他 20 岁了。他的年龄是……——他的年龄是 20 岁。 很多人都喜欢喝葡萄酒。——葡萄酒受到很多人的喜欢。

（续表）

提问启发	每个人都应该按照法律办事，你们同意吗？——对，任何人都应该按照法律办事。

（3）字形辨认练习

教师用卡片或 PPT 展示，请学生快速辨认并读出，最后给每个字组词。

具—真　　发—友　　邀—逛

葡—萄　　术—木　　优—邮

实—买　　准—谁　　购—够

（4）重点生词扩展及常用搭配

打折—正在打折—打九折—这个沙发正在打折。

流行—很 / 非常 / 特别流行—流行的颜色—这种沙发是今年最流行的。

顺便—顺便去 / 买 / 看—顺便去商场—商场正好打折，我们顺便买一台冰箱吧。

实在—实在太旧 / 冷 / 热了—咱家的冰箱实在太旧了。

邀请—邀请客人 / 同学 / 朋友—邀请朋友来—李老师邀请咱们去他家做客。

考虑—考虑问题 / 价格—考虑考虑—考虑一下—买衣服不能只考虑价格。

浪费—浪费钱 / 水 / 电—别浪费水—如果衣服不适合自己，即使花钱很少，也是一种浪费。

受到—受到注意 / 喜欢 / 欢迎—受到大家的欢迎—网上购物受到人们的喜爱。

任何—任何人 / 事 / 东西 / 情况 / 时间—在任何时间—人们可以在任何时间上网购物。

3 语言点

（1）肯定

副词用法

① 语言点解析

“肯定”，副词，表示一定，没有问题。

② 语言点导入

联系实际，提问导入。

教师：已经晚上 9 点多了，484 路公共汽车还有吗？

教师给出 484 汽车末班车时间 23:00，引导学生回答。

学生目标句：放心吧，484 路现在肯定还有。

③ 语言点操练

联系生活实际，提问操练。

- 教师：运动对身体健康有好处吗？

  学生：运动对身体健康肯定有好处。

- 教师：我想买件衣服送给妈妈，你觉得红色的好还是黑色的好？

  学生：如果是我，我肯定会选择……的。

形容词用法（1）

① 语言点解析

“肯定”，形容词，表示确定的、明确的。

② 语言点导入

利用情境，提问导入。

教师：明天张远真的不能来参加同学聚会了？

教师引导学生分别用“能肯定”和“不能肯定”回答。

学生：我能肯定，张远打电话跟我说的。/
　　　我也不能肯定，我是听别人说的。

③ 语言点操练

联系生活实际，提问操练。

- 教师：你是不是把护照忘在宿舍了？

  学生：我也不太肯定，可能是，我回去找找吧。

- 教师：这个汉字写得对不对啊？

  学生：我能肯定，就是这么写的。/
  　　　我也不能肯定，我记得好像是这么写的。

形容词用法（2）

① 语言点解析

“肯定”，形容词，还可表示承认的、正面的。

② 语言点导入

联系生活实际，提问导入。

教师：中国菜好吃吗？

学生 A：好吃。

学生 B：一般 / 不好吃。

教师总结：“……的回答是肯定的。”
　　　　　“……的回答不是肯定的。”

③ 语言点操练

联系生活实际，提问操练。

教师：去朋友家做客，需要带礼物吗？

学生：这是肯定的，我去朋友家做客都会带点儿小礼物。

④ 语言点运用（关于三种用法）：

请学生根据提示意思，用“肯定”补全对话，并分角色表演。

I. A：如果我们请他来帮忙，他会同意吗？

　B：______________________________。（表示承认的、正面的）

II. A：节假日商场会打折吗？我想买几件衣服。

　B：______________________________。（表示一定）

III. A：我们家的墙是白色的，你觉得这个黄色的沙发适合我们家吗？

B：____________________________。（表示确定的、明确的）

参考答案：I. 放心吧，他肯定会同意的，他非常喜欢帮助朋友。

II. 节假日商场肯定会打折，到时候我们一起去。

III. 我能肯定，这个黄色的沙发放在你们家里会很好看。

（2）再说

动词用法

① 语言点解析

“再说”，动词，表示（把事情）留到以后办理或考虑。

② 语言点导入

联系学生实际，提问导入。

教师：我们已经好久没见面了，什么时候聚聚吧？

教师提示下周要考试，没有时间，引导学生回答。

学生目标句：是啊，不过我们下周要考试，没有时间，考完再说吧。

③ 语言点操练

创设情境，提问操练。

- 教师：马经理给我安排了很多工作，我现在每天都是手忙脚乱的。

  学生：你先做重要的工作，不太重要的可以慢慢再说。
- 教师：今天咱们买的东西太多了，钱不够了，下次再说？

  学生：我带着信用卡呢，别下次再说了。

连词用法

① 语言点解析

“再说”，连词，表示推进一层，对前面的情况进行补充。

② 语言点导入

联系学生实际，提问导入。

教师：为什么毕业后同学聚会这么难呢？

学生：毕业后大家都很忙，再说，很多同学不在一个城市。

③ 语言点操练

联系学生实际，提问操练。

- 教师：我在通知上看见那家公司在招聘翻译，你怎么没去试试？

  学生：我也看到了，那家公司要求必须英语专业毕业，再说，那家公司离学校太远了，所以我没去。
- 教师：你为什么喜欢上网买东西呢？

  学生：网上的东西很多，再说也更便宜。

④ 语言点运用（关于两种用法）

请学生两人一组，根据提示用“再说”补全对话，并分角色朗读。

A：咱们什么时候一起去南京旅游呢？

B：______________________________。（表示留到以后考虑）

A：别再说了，下个月就不错吧。

B：为什么一定要下个月去呢？

A：______________________________。（表示补充）

参考答案：最近公司工作太忙了，旅游的事再说吧。
　　　　　下个月南京天气特别好，再说，下个月的机票也便宜。

（3）实际

名词用法

① 语言点解析

“实际”，名词，表示客观存在的事情或情况。

② 语言点导入

利用热身图片 E，提问导入。

教师：广告上说的都是真的吗？

学生：不一定。

教师总结：“有的广告说的跟实际不一样。”

③ 语言点操练

根据情境，提问操练。

教师：快考 HSK 了，同学们应该怎么复习呢？

学生：应该根据自己的实际，安排好复习。

形容词用法

① 语言点解析

“实际”，形容词，表示真实的、具体的。

② 语言点导入

再次利用热身图片 E，使用相同的问题提问导入。

教师：广告上说的都是真的吗？

学生：不一定。

教师总结：“有的广告说的跟实际情况不一样。”

③ 语言点操练

根据情境，提问操练。

教师：快考 HSK 了，同学们应该怎么复习呢？

学生：应该根据自己的实际情况，安排好复习。

“实际上”用法

① 语言点解析

“实际上”，副词，表示在真实的情况中，多含转折的意思。

② 语言点导入

第三次利用热身图片 E，使用相同的问题提问导入。

教师：广告上说的都是真的吗？

学生：不一定。

教师总结："有的广告说得很好，实际上，不一定是真的。"

③ 语言点操练

根据情境，提问操练。

教师：每个同学都能完全按照计划复习吗？

学生：不一定。实际上，很多人不能完全按照计划复习。

④ 语言点运用（关于三种用法）

请学生根据提示补全下面的句子，并朗读。

I. 买衣服时，________________。（实际 n./adj.）

II. 汉语不能只在上课时说，________________。（实际 adj.）

III. 她看起来只有 20 岁，________________。（实际上）

参考答案：I. 应该根据自己的实际购买 / 应该根据自己的实际需要购买

II. 还要在实际生活中用

III. 实际上她已经 30 岁了

（4）对……来说

① 语言点解析

"对……来说"，做状语，表示站在某一角度看问题。

② 语言点导入

联系学生实际，提问导入。

教师：你觉得汉语什么比较难？发音、汉字还是语法？

学生：……（汉字）

教师总结："对……来说，汉字比较难。"

③ 语言点操练

联系学生实际，提问操练

教师：找工作时，你认为工资重要还是学习机会重要？

学生：对我来说，……

④ 语言点运用

利用本课热身图片 C，请学生两人一组，讨论一下在生活中信用卡有没有用，并说说自己的原因。

（5）尤其

① 语言点解析

“尤其”，副词，表示更近一步。前一分句提出一个整体情况，作为比较的对象，后一分句用“尤其”表示整体情况中最突出的方面。

② 语言点导入

利用热身图片 F、B，提问导入。

- 教师：我最爱喝着啤酒看足球比赛，你喜欢喝酒吗？

图片 F 目标句：什么酒我都喜欢，尤其是葡萄酒。

- 教师：请问，商场现在沙发打折吗？

图片 B 目标句：商场现在沙发都在打折，尤其是这种沙发，质量又好，打的折又多。

③ 语言点操练

联系学生实际，提问操练。

教师：我们班同学的汉语好吗？

学生：都非常好，尤其是……

④ 语言点运用

请学生使用“尤其”回答下面的问题。

I. 在中国留学的时候，你会想家吗？

II. 考试的时候，你感到紧张吗？

III. 为什么来长城旅游的人这么多啊？

IV. 你和你爸爸妈妈的想法总是一样的吗？

⑤ 比一比：尤其—特别

按照教材中的辨析步骤进行。

4 课文

（1）就课文内容，教师将下列问题写在黑板上或用PPT展示（或教师给学生发放问题单）：

课文 1

王静想买什么东西？

这种沙发为什么比平时便宜？

这种沙发的质量怎么样？

课文 2

商场里的冰箱价格怎么样？

王静觉得他们家的冰箱有什么问题？

他们为什么用信用卡买冰箱？

课文 3

谁邀请王静和李进做客？

他们想带点儿什么礼物？

王静为什么觉得这种葡萄酒不错？

课文 4

“我”买衣服的标准是什么？

对“我”来说，衣服的样子流行很重要吗？

很多年龄大的人喜欢买哪种衣服？

课文 5

哪些人特别喜欢在网上购物？

人们在网上购物的主要原因是什么？

上网买东西方便吗？为什么？

（2）要求学生带着问题听两遍录音并回答问题，教师给出答案；
（3）学生打开课本，教师逐句播放录音，学生看课本听第二次录音并跟读；
（4）教师领读一遍课文；
（5）全班一起大声齐读一遍课文；
（6）请 2 ～ 3 组学生分角色朗读课文，教师正音；
（7）做以下课文扩展练习：

对话课文：教师带领学生根据问题单上问题的答案叙述课文内容，并请学生单个复述。

课文 1

王静想买沙发，家具店正在打折，比平时便宜了一千块。售货员介绍说，这种沙发的质量很好，不打折。这种沙发是今年最流行的，有很多种颜色可以选择。最后王静买了蓝色的。

课文 2

王静和李进在商场买东西，他们看到商场的冰箱正好打折，就想顺便买一台。因为他们家的冰箱实在太旧了，制冷效果也不太好了。但是他们带的现金不够，所以只好用信用卡买。

课文 3

李老师邀请王静和李进去他家做客，他们想给李老师带点儿礼物去。李老师喜欢葡萄酒，他们想买两瓶带去。有一种葡萄酒酒瓶做得很艺术，电视上经常做广告，王静觉得味道也应该不错。不过李进说广告只会介绍优点，很多东西并不像广告上说的那么好，不能完全相信广告。

短文课文：请学生根据课文内容，补全下面的语段，并请学生单个复述朗读。

课文 4

我买衣服的标准是"只买对的，……（不买贵的）"。对我来说，衣服的样子……（流行不流行）并不是很重要。很多年龄大的人喜欢买便宜的衣服，但是如果……（不适合自己），即使花钱很少，也是……（一种浪费）。

课文 5

网上购物变得……（越来越流行）了，年轻人尤其喜欢在网上买东西。网上的东西很多，也很便宜，这是……（吸引人们购买）的主要原因。而且，人们可以在……（任何时间）上网买东西，卖家可以把你买的东西……（寄到你办公室或家里），非常方便。

5 扩展

（1）领读"准时、准备、标准"三个同字词，请学生说一说"准"字在词中的位置和意义。"准"的义项：

①大部分人都认同的准则：标准

②准确：准时

③打算：准备

（2）教师在黑板上列出以下词语，请学生猜词义，教师给出简单的例句进行解释。

准话：明天同学聚会你来不来，给我一个准话。

水准：这张画儿的水准非常高！

准确：他的汉语非常好，发音很准确。

（3）请学生完成"选词填空"练习，教师给出答案。

参考答案：①标准　②准时　③准备

6 补充课堂活动

学生 4 人一组，介绍自己买衣服的标准，跟朋友分享一下购物经验，说说怎样才能买到又好看又便宜的衣服。

7 文化

教师引导学生了解中国目前的购物环境，可根据需求和时间安排，进行以下参考活动：

- 展示图片，介绍目前中国的一些购物场所类型（商场、百货公司、批发市场、超市、地摊儿等）；
- 请学生说说这些购物场所的购物特点；
- 请学生讨论"讨价还价"的优点和缺点。

8 布置作业

- 每个生词写 3 遍；
- 用本课所学的 5 个语言点分别造一个句子。

6 一分钱一分货

一、教学内容和教学目标

主题	购物 （1）对话：购物经历、买西红柿、买行李箱 （2）短文：购物促销活动、“一分钱一分货”
语言点	学生能够了解并掌握： （1）“竟然”表示没有想到，出乎意料 （2）“倍”表示倍数 （3）“值得”表示做某事有价值，有好的结果 *辨析“值得”和“值”的异同 （4）“其中”指范围、处所 （5）“（在）……下”表示条件、情况
词汇	学生能够： （1）掌握本课30个四级大纲词汇的意义和用法 重点词语：打扰、百分之、好处、尝、方面、内、支持、举行、满、所有、获得、降低 （2）了解1个非大纲词汇的意义：会员卡 （3）理解“其”字的组词规律及在词汇中的意义

二、教学步骤

一 复习旧课

1 使用生词卡片，快速认读下列词语：

打折、流行、顺便、实在、邀请、
考虑、浪费、受到、任何

2 快速回答问题（与第5课或学生实际生活有关的问题）：

（1）你买东西时相信广告吗？为什么？
（2）你买衣服的标准是什么？
（3）你经常网上购物吗？网上购物有什么好处？

3 检查作业：

请5名学生每人用上节课所学语言点说一个句子。

二 学习新课

1 热身

热身 1：学生两人一组，合作完成；教师指出图片，请学生根据图片说出对应的词语，教师核对答案；教师领读热身 1 的生词；最后全体学生齐读，教师正音。

答案：①B ②A ③D ④F ⑤C ⑥E

热身 2：教师带领学生熟悉调查表格的内容；请学生两人一组，调查对方买衣服的经验；请 2 ～ 3 名学生汇报调查结果。

2 生词

（1）生词快速认读及正音

课文 1（对话）：果汁、售货员、袜子、打扰、竟然

课文 2（对话）：西红柿、百分之、倍、皮肤、好处、尝

课文 3（对话）：轻、方面、值得、活动、内、免费、修理

课文 4（短文）：支持、举行、满、其中、小说、*会员卡、所有、获得

课文 5（短文）：情况、例如、举办、各、降低

- 教师用 PPT 或卡片展示并领读生词（带拼音）；
- 取消拼音，带领学生再次认读；
- 逐词（不带拼音）闪现，请学生快速认读生词；
- 请 3 ～ 5 个学生快速随机认读 3 ～ 5 个生词；
- 最后全体学生快速齐读所有生词。

（2）生词讲解方式

直观法（图片、实物）	图片类：果汁（热身图片A）、售货员（商场售货员）、袜子（热身图片C）、西红柿（热身图片D）、免费（免费WIFI标志）、修理（修车）、满（杯子水满了） 实物类：小说、会员卡
符号法	百分之（%）、倍（10÷2=5）
情景法（肢体动作）	皮肤（指着皮肤，摸一摸）、尝（吃或喝，尝味道）、（室）内（指示室内和室外的方位）
替换法（同 / 近义替换）	竟然（没想到）
对比法（反义词对比）	好处（坏处）、轻（重）、降低（提高）
搭配法	举行 / 举办 + 活动
提问启发	打扰、方面、支持、所有、获得、情况、各 教师提问，引导学生说出句子： 我们在上课，你希望教室外有人大声说话吗？——我不希望他们打扰我们上课。 你觉得这件衣服怎么样？——从质量方面看，很不错。 你来中国学习汉语，你父母有什么想法？——我的父母支持我来中国学习汉语。

（续表）

提问启发	这次的运动会你们都参加吧？——对，所有人都参加这次的运动会。 来中国我们交了很多新朋友，所以我们获得了什么？——我们获得了友谊。 听说他病了，他现在怎么样？——他现在的情况好了很多。 我们班同学穿着什么颜色的衣服？——我们班同学穿着各种颜色的衣服。

（3）字形辨认练习

教师用卡片或 PPT 展示，请学生快速辨认并读出，最后给每个字组词。

果—里　　售—谁　　袜—衬

扰—尤　　竟—音　　倍—陪

修—衫　　举—兴　　况—冷

（4）重点生词扩展及常用搭配

打扰—打扰了—打扰一下—别打扰他—被别人打扰—我不希望被别人打扰。

百分之—百分之一 / 百 / 十五—百分之百新鲜—我保证西红柿百分之百新鲜。

好处—有好处—对皮肤有好处—吃这种西红柿对皮肤有好处。

尝—尝尝—尝一下—请你尝尝—我想买几个尝尝。

方面—一方面—另一方面—价格 / 质量方面—从价格方面—不管从价格方面看，还是从质量上看，都是值得考虑的。

内—室 / 房间 / 校内—一个月 / 年 / 天 / 小时内—一年内我们都负责免费修理。

支持—很/非常/特别支持—支持一下—大家/朋友的支持—我们非常感谢大家的支持。

举行—举行活动 / 聚会 / 运动会—举行两天—我们书店今天举行"购书送好礼"活动。

满—很 / 比较 / 非常满—水满了—满 500 元—如果购书满 500 元可以免费办会员卡。

所有—所有人 / 同学 / 书 / 衣服—所有的小朋友可以得到一份小礼物。

获得—获得礼物 / 友谊 / 经验—所有小朋友可以获得一份小礼物。

降低—降低价格 / 标准 / 要求—降低了很多—一到节日，商场会举办各种活动，降低价格。

3 语言点

（1）竟然

① 语言点解析

"竟然"，副词，用在动词或形容词前，表示没有想到，出乎意料。可与"没想到"搭配使用，"没想到"用在表示没想到的事情的小句前，"竟然"用在小句主语后。

② 语言点导入

利用同义表达"没想到"，替换导入。

教师：马克从来没迟到过，可是今天却迟到了。（教师表现出出乎意料的表情）你想到了吗？

学生：没想到。

教师总结："马克从来没迟到过，没想到今天竟然迟到了。"

③ 语言点操练

- 利用热身图片 D，提问操练。

教师：这种西红柿多少钱一斤？……20 块。

图片 D 目标句：这种西红柿竟然 20 块一斤。

- 联系学生生活，进行操练。

教师：你听说了吗？这次比赛马克得了第一名。

学生：马克参加比赛只是想试一试，没想到他竟然得了第一名。

④ 语言点运用

请学生用"竟然"补全下面的句子，并朗读。

I. 这首歌非常好听，最近很流行，________________________。

II. 考试的听力说得特别快，________________________。

III. 他是我以前的同事，________________________。

参考答案：I. 你竟然没听过

II. 玛丽竟然都听懂了

III. 可我现在竟然忘了他的名字

（2）倍

① 语言点解析

"倍"，量词，表示倍数，后面一般不跟名词。

② 语言点导入

- 直接板书或展示数学符号，请学生描述。

板书：$2\times5=10$

学生目标句：十是二的五倍。

十是五的两倍。

- 利用情境，进行导入。

教师：如果工作方法不对，你要用更多的时间才能完成工作。

教师引导学生用"好几倍"表达。

学生：如果工作方法不对，要用好几倍的时间才能完成工作。

③ 语言点操练

- 联系生活实际，提问操练。

教师：上个月机票价格是 500 块，这个月是 1000 块。

学生：这个月机票价格是上个月的两倍。

- 利用图片（某景点淡季和旺季游客数量对比），提问操练。

  教师：为什么来这里旅游的人这么多？

  学生：每年七八月时，很多人来这里旅游，人数一般比平时多三四倍。

④ 语言点运用

请学生用“倍”说明下面几种情况。

I. A. 2014 年北京语言大学有 5 千个留学生。

B. 2015 年北京语言大学有 1 万个留学生。

II. A. 今年玛丽每个月的工资是 3 千块。

B. 前年玛丽每个月的工资是 1 千块。

III. A. 红色衣服的价格是 1 千块。

B. 黑色衣服的价格是 1 千 5 百块。

参考答案：I. 北京语言大学 2015 年的留学生是 2014 的两倍。

II. 玛丽今年每个月的工资是前年的 3 倍。

III. 红色衣服的价格是黑色衣服的 1.5 倍。

（3）值得

① 语言点解析

“值得”，动词，表示做某事有价值，有好的结果。

② 语言点导入

利用热身图片 B，提问导入。

教师：这条裤子你穿上很帅，而且才一百多块，很便宜，所以……

学生：这条裤子值得买。

③ 语言点操练

- 联系学生实际，提问操练。

  教师：学习汉语有什么好处？

  学生：……（了解中国文化、找好工作、交中国朋友、做生意）

  教师：所以……

  学生：汉语值得（我们）（好好儿）学习。

- 利用第 1 课热身图片 C，提问操练

  教师：你看过这个电影吗？你觉得怎么样？

  学生：这个电影讲的是一个浪漫的爱情故事，非常值得看。

④ 语言点运用

你的朋友想来中国旅游，希望你介绍一下来中国旅游时有什么好玩儿的、好吃的等等。请你根据内容提示，用“值得”介绍一下。

内容提示：I. 四川菜　II. 长城　III. 京剧　IV. 绿茶

参考答案：I. 中国的四川菜非常好吃，值得尝尝。

II. 北京的长城秋天时特别漂亮，非常值得去看看。

III. 如果想了解中国文化，京剧值得听听。

IV. 中国的绿茶很有名，值得你试试。

⑤ 比一比：值得—值

按照教材中的辨析步骤进行。

（4）其中

① 语言点解析

“其中”，名词，有“那个里面、那些里面”的意思，指范围、处所。

② 语言点导入

联系学生实际，提问导入。

- 教师：我们班有多少留学生？有多少美国人？

  学生：我们班有……留学生，其中，有……个美国人。

- 教师：现在很多人不喜欢看电视，为什么呢？

  教师提示原因之一是广告多，引导学生回答。

  学生：有很多原因，其中一个原因是看电视时广告太多。

③ 语言点操练

联系学生实际，提问操练。

- 教师：我们已经学了六课，你觉得哪课最有意思？

  学生：我们学了六课，我觉得其中第……课最有意思。

- 教师：你为什么对历史这么感兴趣呢？

  学生：历史就像一面镜子，其中有很多值得我们学习的经验和方法。

④ 语言点运用

请学生用“其中”说明下面几种情况。

I. A. 学校附近饭馆的菜都很好吃。

B. 四川饭馆的菜最好吃。

II. A. 李老师写的小说非常幽默。

B. 小说里有很多有意思的故事。

III. A. 那里有很多大商场。

B. 友谊商场的衣服最贵。

参考答案：I. 学校附近饭馆的菜都很好吃，其中，四川饭馆的菜最好吃。

II. 李老师写的小说非常幽默，其中有很多有意思的故事。

III. 那里有很多大商场，其中，友谊商场的衣服最贵。

（5）（在）……下

① 语言点解析

“（在）……下”中间的成分一般是带修饰语的双音节动词或名词，表示条件、情况。

② 语言点导入

联系学生实际，提问导入。

教师：如果你有非常重要的事，没办法来上课，你会怎么办？

学生：在这种情况下，我会跟老师请假。

③ 语言点操练

利用情境，进行操练。

- 教师：你想买一台电脑，但是现在钱不够，你怎么办？

  学生：在这种情况下，我会用信用卡。
- 教师：朋友每天帮你复习汉语，你顺利通过了 HSK 四级考试。

  学生：在朋友的帮助下，我顺利通过了 HSK 四级考试。

④ 语言点运用

请学生根据提示用“在……下”补全下面的句子，并朗读。

I. ________________________，玛丽很快找到了收银台。（售货员、帮助）

II. ________________________，我们班成功举办了新年晚会。（老师、支持）

III. ________________________，我们按时完成了工作。（大家、努力）

参考答案：I. 在售货员的帮助下

II. 在老师的支持下

III. 在大家的努力下

4 课文

（1）就课文内容，教师将下列问题写在黑板上或用PPT展示（或教师给学生发放问题单）：

课文 1

李进昨天为什么没接电话？

在商场妻子买了什么？

张远买东西时，喜欢售货员介绍吗？

课文 2

这种西红柿新鲜吗？多少钱一斤？

这种西红柿质量怎么样？

吃这种西红柿对人有什么好处？

课文 3

李进想买一个什么样的行李箱？

这种行李箱值得买吗？为什么？

现在买这种行李箱有什么好处？

课文 4

书店今天举行什么活动？为什么？

如果买了满 100 元的书，会得到什么礼物？满 200 元呢？满 500 元呢？

今天哪些人会获得一份小礼物？

课文 5

一般情况下，贵的东西质量怎么样？

什么时候买冬天的衣服会比较便宜？

节日时，商场会举办什么活动？

（2）要求学生带着问题听两遍录音并回答问题，教师给出答案；

（3）学生打开课本，教师逐句播放录音，学生看课本听第二次录音并跟读；

（4）教师领读一遍课文；

（5）全班一起大声齐读一遍课文；

（6）请 2 ～ 3 组学生分角色朗读课文，教师正音；

（7）做以下课文扩展练习：

对话课文：教师带领学生根据问题单上问题的答案叙述课文内容，并请学生单个复述。

课文 1

李进昨天陪妻子去超市买果汁，他们先去逛了商场。一进门售货员就热情地为他们介绍这、介绍那，妻子买了一条裤子、一件衬衫、两双袜子，买完后他们高高兴兴地回家了，回家以后才发现竟然忘了去商场的超市买果汁了。

课文 2

西红柿昨天才三块五一斤，今天的价格是昨天的两倍，七块钱一斤。售货员说这种西红柿是“绿色”的，百分之百新鲜，每天吃一两个，对皮肤有好处。

课文 3

李进想买一个轻一点儿行李箱。这种行李箱不管从价格方面看，还是从质量上看，都是值得考虑的。商场正好有打折活动，打完折 999 元。另外，一年内商场负责免费修理。

短文课文：请学生根据课文内容，补全下面的语段，并请学生单个复述朗读。

课文 4

为了……（感谢大家的支持），书店今天举行“购书送好礼”活动，购书满 100 元……（送一个笔记本），满 200 元送一本词典，如果购书满 500 元可……（免费办会员卡）。今天过生日的朋友和所有的小朋友还可以……（获得一份小礼物）。

课文 5

……（一般情况）下，你花的钱越多，买的东西也就越好。其实，有的时候，质量很好的东西也会很便宜。例如，春天来了，冬天的衣服……（就会打折）。一到节日，商场会举办各种各样的活动，……（降低价格），这个时候我们也可以买到……（又便宜又好的东西）。

5 扩展

（1）领读“其次、其中、其实、其他、尤其”五个同字词，请学生说一说“其”字在词中的位置和意义。“其”的义项：

①后缀：尤其

②指示代词：其次、其中、其实、其他

（2）请学生完成“选词填空”练习，教师给出答案。

参考答案：①尤其　②其他　③其实　④其次　⑤其中

6 补充课堂活动

假设超市明天举办“购物送好礼”活动，请学生 4 人一组，讨论一下，模仿课文 4 的内容，一起设计这个活动，最后请每组的代表向全班介绍活动内容。

7 文化

教师引导学生了解“绿色食品”，可根据需求和时间安排，进行以下参考活动：

- 通过展示图片，让学生猜测“绿色食品”的意思；
- 请学生比较一下绿色食品和普通食品的不同；
- 请学生介绍一下自己国家“绿色食品”的消费情况。

8 布置作业

- 每个生词写 3 遍；
- 介绍一次自己有意思的购物经历，大约 3 分钟。

7 最好的医生是自己

一、教学内容和教学目标

主题	健康 （1）对话：谈身体情况、讨论抽烟对身体的影响、讨论电脑对身体的影响 （2）短文：健康的重要性、散步的好处
语言点	学生能够了解并掌握： （1）“估计”表示根据某些情况，对事物做大概的推断 * 辨析“估计”和“可能”的异同 （2）“来不及”表示因为时间短，无法赶上 （3）离合词重叠，表示时间短、尝试、轻松随便等意义 （4）“要是”表示提出一种假设 （5）“既……又 / 也 / 还……”表示同时具有两方面的情况
词汇	学生能够： （1）掌握本课 30 个四级大纲词汇的意义和用法 重点词语：严重、动作、出现、后悔、反对、超过、指、说明、辛苦、烦恼 （2）了解 3 个非大纲词汇的意义：流血、精神、既 （3）理解“气”字的组词规律及在词汇中的意义

二、教学步骤

一 复习旧课

1 使用生词卡片，快速认读下列词语：

打扰、百分之、好处、尝、方面、内、
支持、举行、满、所有、获得、降低

2 快速回答问题（与第 6 课或学生实际生活有关的问题）：

（1）在买东西时，你喜欢售货员给你介绍吗？为什么？
（2）你办过什么会员卡？你认为会员卡有什么用？
（3）怎么才能买到质量又好，价格又便宜的东西？

3 检查作业：

请 3 名学生简单介绍一下自己有意思的购物经历。

二 学习新课

1 热身

热身 1：学生两人一组，合作完成；教师指出图片，请学生根据图片说出对应的词语，教师核对答案；教师领读热身 1 的生词；最后全体学生齐读，教师正音。

答案：①E ②C ③F ④A ⑤B ⑥D

热身 2：教师带领学生熟悉调查表格的内容；请学生两人一组，调查对方的运动情况；请 2～3 名学生汇报调查结果。

2 生词

（1）生词快速认读及正音

课文 1（对话）：*流血、擦、气候、估计、咳嗽、严重、窗户、空气

课文 2（对话）：抽烟、动作、帅、出现、后悔、来不及、反对

课文 3（对话）：大夫、植物、研究、超过、散步

课文 4（短文）：指、*精神、教授、数字、说明、要是

课文 5（短文）：*既、减肥、辛苦、肚子、感情、烦恼、掉

- 教师用 PPT 或卡片展示并领读生词（带拼音）；
- 取消拼音，带领学生再次认读；
- 逐词（不带拼音）闪现，请学生快速认读生词；
- 请 3～5 个学生快速随机认读 3～5 个生词；
- 最后全体学生快速齐读所有生词。

（2）生词讲解方式

直观法（图片、实物）	图片类：流血（热身图片 E）、咳嗽（热身图片 C）、严重（住院病人大面积包扎）、抽烟（热身图片 A）、动作（本课文化部分的图片，太极拳动作）、帅（一位男明星，如贝克汉姆等）、植物（热身图片 B）、研究（实验室做实验）、散步（公园散步）、教授（大学学者）、减肥（热身图片 F）、烦恼（热身图片 D） 实物类：窗户
情景法（肢体动作、语言等）	擦（擦黑板）、空气（呼气动作，指明吸入的东西）、精神（对比两个学生，一个上课积极，精神不错；一个比较疲累）、肚子（指着肚子拍一拍）
符号法	超过（留学生＞1000 人）、数字（1，2，3，4，5，……）
对比法（反义词对比）	反对（同意）
替换法（同 / 近义替换）	大夫（医生）、指（说的是 / 意思是）、要是（如果）
搭配法	跑 / 忘 / 吃 / 喝 + 掉
提问启发	气候、出现、后悔、说明、辛苦 教师提问，引导学生说出句子： 北京夏天热不热？常下雨吗？天气干不干？——北京夏天气候还可以。

（续表）

提问启发	我们在路边等朋友等了很长时间，现在终于看到他了。——他终于出现了。 因为没有好好复习，所以没通过 HSK 四级考试，你……——我后悔没有好好复习。 男的每天给女的送花，我们可以知道什么？——这说明男的喜欢女的。 马克每天很早起床去上班，很晚才回家，经常加班。他……——他工作很辛苦。

（3）字形辨认练习

教师用卡片或 PPT 展示，请学生快速辨认并读出，最后给每个字组词。

咳—孩　　空—究　　作—做

及—反　　散—错　　授—受

数—教　　肥—胖　　恼—脑

（4）重点生词扩展及常用搭配

严重—很 / 比较 / 非常严重—病得很严重—我有点儿头疼，不严重。

动作—他 / 你的动作—做动作—一 / 这 / 那个动作—我觉得抽烟这个动作看起来很帅。

出现—出现问题 / 困难—身体出现问题—你的身体出现问题了。

后悔—很 / 非常后悔—后悔没好好复习—等你身体出现问题了，后悔就来不及了。

反对—非常反对—反对你 / 他—反对他抽烟—家人一直反对我抽烟。

超过—超过了—没超过—超过 6 小时—如果人一天静坐超过 6 小时，就会影响健康。

指—指的是—就是指—健康就是指身体不生病。

说明—做出说明—说明一下—说明问题—有一位教授用数字来说明身体健康很重要。

辛苦—很 / 比较 / 非常辛苦—跑步 / 工作很辛苦—散步不像跑步那样辛苦。

烦恼—我 / 他 / 一天 / 工作 / 学习的烦恼—散步让一天的烦恼都跑掉了。

3 语言点

（1）估计

① 语言点解析

“估计”，动词，表示根据某些情况，对事物做大概的推断。

② 语言点导入

- 联系课堂实际，用近义词“可能”，替换导入。

教师：不要看表，你们说现在可能是几点？

学生：可能是 10 点。

教师总结：“现在估计是 10 点。”

- 利用热身图片 F，提问导入。

教师：她减肥成功了，她减了多少斤？

学生：看她以前和现在的样子，估计减了 20 斤。

③ 语言点操练

- 联系生活实际，提问操练。

教师：中午去那个饭馆吃饭的人多吗？

学生：中午去那个饭馆的人估计不少。

- 利用热身图片 D，提问操练。

教师：她看上去有很多烦恼，你觉得她怎么了？

学生：我估计她在工作上遇到什么困难了。

④ 语言点运用

请学生用"估计"补全下面的句子，并朗读。

I. 玛丽的鼻子又流血了，________________________________。

II. 他怎么现在还没到呢？________________________________。

III. 我还没决定好去哪儿旅游，________________________________。

参考答案：I. 估计她现在还不习惯北方的气候

II. 估计他把时间记错了

III. 估计去上海吧

⑤ 比一比：估计—可能

按照教材中的辨析步骤进行。

（2）来不及

① 语言点解析

"来不及"，动词，表示因为时间短，无法赶上。

② 语言点导入

联系学生实际，提问导入。

- 教师：8: 30 上课，你 8: 20 起床，时间够吗？

学生：8: 30 上课，8: 20 起床来不及。

- 教师：电影 7: 30 开始，现在已经 6: 50 了，快走吧。

学生：坐公共汽车时间估计来不及了，咱们打车去吧。

③ 语言点操练

联系学生实际，提问操练。

- 教师：明天就要考 HSK 了，今天开始复习，时间够吗？

学生：今天才开始复习来不及。

- 教师：咱们下午五点出门去参加同学聚会吧。

学生：今天正好是周末，路上车不少，五点估计来不及，还是早点儿走吧。

④ 语言点运用

请学生两人一组，根据情景用“来不及”补全对话，并分角色朗读。

I. A：明天我是下午2点的飞机，我1点走就行。

B：______________________________。

II. A：真羡慕你！每天都有时间去体育馆锻炼身体。

B：______________________________。

III. A：______________________________。

B：现在可能会堵车，还是坐地铁吧。

参考答案：I. 你还是中午12点走吧，1点走来不及。

II. 你也应该常锻炼身体，等身体出了问题再锻炼，就来不及了。

III. 时间快来不及了，我打车过去吧。

（3）离合词重叠

① 语言点解析

离合词重叠，表示时间短、尝试、轻松随便等意义，重叠形式是“AAB”式。比如“散散步”“帮帮忙”“睡睡觉”“游游泳”等。

② 语言点导入

• 联系一般动词的重叠形式，做变换练习导入。教师带领学生做完变换练习后，引导学生发现离合词重叠的特点，并给出重叠形式的结构。

一般动词	离合词
A → AA	
看 → 看看	
听 → 听听	
想 → 想想	
AB → ABAB	AB → AAB
练习 → 练习练习	睡觉 → 睡睡觉
锻炼 → 锻炼锻炼	游泳 → 游游泳
复习 → 复习复习	帮忙 → 帮帮忙

• 教师带领学生做加“了”的变换练习，并标出结构。

一般动词	离合词
AB了 → AB了AB	AB了 → A了AB
练习了 → 练习了练习	睡觉了 → 睡了睡觉
锻炼了 → 锻炼了锻炼	游泳了 → 游了游泳
复习了 → 复习了复习	帮忙了 → 帮了帮忙

• 教师请学生尝试找出学过的离合词，最后做一个总结。

睡觉、游泳、帮忙、跑步、散步、跳舞……

③ 语言点操练

联系生活实际，提问操练。

教师：你们周末一般做什么？

学生：看看书、散散步、游游泳……

教师：你昨天下午做什么了？

学生：我去操场跑了跑步。

④ 语言点运用

请学生两人一组，用提示离合词的重叠形式补全对话，并分角色朗读。

I. A：最近我眼睛总是很累。

B：________________。（散步）

II. A：好久不见了！你现在怎么变得越来越年轻了！

B：________________。（跳舞）

III. A：________________。（帮忙）

B：好的，没问题，快说说想让我帮你什么。

参考答案：I. 你不应该总坐在电脑前，现在跟我去公园散散步吧。

II. 我每天下午都去跳跳舞，以后你也跟我一起去吧。

III. 你来得太及时了，我正好想请你帮帮忙呢。

（4）要是

① 语言点解析

"要是"，连词，表示"如果、如果是"的意思，常用"要是……（的话），就……"结构。"要是"后面的句子提出一种假设，"就"后面的句子表示在假设的情况下采取的行动或出现的结果。

② 语言点导入

利用同义表达"如果"，替换导入。

- 教师：如果你工作上遇到问题，你会怎么办？

  教师重复：要是你工作上遇到问题，你会怎么办？（"要是"用重音突出）

  学生：要是我工作上遇到问题，我会请同事帮我。

- 教师：要是你的自行车坏了，你会怎么办？

  学生：要是我的自行车坏了，我就请人帮我修理。

③ 语言点操练

联系生活实际，提问操练。

- 教师：上课时你要是没听懂，你会怎么办？

  学生：要是没听懂，我会问我的同学。

- 教师：父母要是经常对孩子发脾气，会给孩子带来什么影响？

  学生：父母要是经常对孩子发脾气，孩子长大后就可能变成一个爱发脾气的人。

④ 语言点运用

请学生为括号中的词语选择恰当的位置。

I. 星期天 A 天气好，B 我们 C 就去爬山 D 吧。（要是）

II. A 要是有机会，B 我 C 在中国工作两年 D 再回去。（就）

III. A 我丈夫 B 真是太无聊了，他 C 再幽默点儿 D 就好了。（要是）

参考答案：I. A　II. C　III. C

（5）**既……又/也/还……**

① 语言点解析

“既……又/也/还……”，连接动词性结构或形容词（前后两个结构通常相同）表示并列关系，同时具有两方面的情况，或者都表示积极意义，或者都表示消极意义。

② 语言点导入

联系生活实际，提问导入。

- 教师：玛丽漂亮吗？聪明吗？
  学生：玛丽很漂亮，也很聪明。
  教师总结：“玛丽既漂亮又聪明。”
- 教师：上下班的时候，路上车很多，这个时候回家坐出租汽车好吗？
  学生：这时候坐出租汽车回家不好，既浪费钱也浪费时间。

③ 语言点操练

- 利用热身图片 A，提问操练。
  教师：抽烟对自己好吗？对别人好吗？
  学生目标句：抽烟既对自己不好，也对别人不好。
- 利用一张干净整洁的房间图片进行提问操练。
  教师：这个房间干净吗？漂亮吗？
  学生目标句：这个房间既干净又漂亮。

④ 语言点运用

请学生根据句子意思，连线组成 5 个完整的句子，并朗读。

I. 面试回答问题时既不能说得太快	A. 同事们也很喜欢我
II. 我喜欢这个工作，我学的既是法律专业	B. 还要积累专业知识
III. 两个人共同生活，既需要浪漫的爱情	C. 也要接受对方的缺点
IV. 年轻人刚开始工作时既要丰富工作经验	D. 也需要性格上互相吸引
V. 结婚后要是想幸福生活，既要了解对方的优点	E. 也不能说得声音太小

参考答案：I. E　II. A　III. D　IV. B　V. C

4 课文

（1）就课文内容，教师将下列问题写在黑板上或用PPT展示（或教师给学生发放问题单）：

课文 1

小林鼻子怎么流血了？

小李病了吗？严重吗？

小林让小李注意什么？

课文 2

小雨为什么咳嗽？

小雨为什么喜欢抽烟？

小雨的家人对他抽烟有什么想法？

课文 3

为什么小李最近眼睛总是跳？

医生让他多做什么事情？

静坐多长时间就会影响身体健康？

课文 4

过去人们认为健康指的是什么意思？

现在人们认为什么是健康？

一位教授是怎么说明健康很重要的？

课文 5

哪种运动是生活中最简单的锻炼方法？

散步跟跑步比起来有什么好处？

和家人在一起散步有什么好处？

（2）要求学生带着问题听两遍录音并回答问题，教师给出答案；

（3）学生打开课本，教师逐句播放录音，学生看课本听第二次录音并跟读；

（4）教师领读一遍课文；

（5）全班一起大声齐读一遍课文；

（6）请 2 ～ 3 组学生分角色朗读课文，教师正音；

（7）做以下课文扩展练习：

对话课文：教师带领学生根据问题单上问题的答案叙述课文内容，并请学生单个复述。

课文 1

估计是天气太干，小林还不习惯北方的气候，所以鼻子流血了。小李穿得太少，感冒了，他咳嗽，有点儿头疼，但是不严重。小林让小李注意保暖，最好经常打开窗户换换空气。

课文 2

医生让小雨不要再抽烟了，但是小雨觉得抽烟这个动作看起来很帅。小夏说如果等身体出现问题了，后悔就来不及了。小雨的家人也一直反对他抽烟。

课文 3

小李最近眼睛总是跳，大夫说是因为他长时间看电脑，眼睛太累。医生让他多向远处看，尤其是多看绿色的植物。研究发现，如果人一天静坐超过 6 小时，就会影响身体健康。

短文课文：请学生根据课文内容，补全下面的语段，并请学生单个复述朗读。

课文 4

过去人们认为健康……（就是指）身体不生病，现在人们认识到，健康还指……（精神上的健康）。一位教授……（用数字来说明）健康非常重要：要是健康是 1，其他都是 1 后面的 0；如果没有 1，不管……（有多少 0 也没用）。

课文 5

散步是生活中……（最简单的锻炼方法），既可以活动身体，又……（可以减肥），而且不会像跑步那样辛苦。散步时，夫妻说说一天的工作能……（加深感情），听孩子谈谈学校里有意思的事，一天的烦恼……（就都跑掉了）。

5 扩展

（1）领读“生气、脾气、空气、气候”四个同字词，请学生说一说“气”字在词中的位置和意义。“气”的义项：

①气体：空气

②自然现象：气候

③发怒：生气

④人的性情：脾气

（2）请学生说说还有哪些带“气”字的词，教师列在黑板上，如果没有，可补充下列真假同字词，最后请学生判断正误，教师给出正确答案。

气流　动气　　气来（×）　气话

气球　水气（×）气压

（3）请学生完成“选词填空”练习，教师给出答案。

参考答案：①空气　②脾气　③气候　④生气

6 补充课堂活动

学生 4 人一组，介绍一下自己最喜欢的运动，并说说喜欢这种运动的原因，最后请每组的代表给全班介绍一下。

7 文化

教师引导学生了解中国传统的“太极”思想，可根据需求和时间安排，进行以下参考活动：

- 展示图片，太极拳和太极阴阳图；
- 请学生试着说说太极拳与太极之间的关系和特点；
- 观看一段太极拳视频，学生模仿打太极拳，并说说自己的感想。

8 布置作业

- 每个生词写 3 遍；
- “你身边抽烟的人多吗？他们为什么抽烟？”请学生调查一下，下次课时汇报自己的调查结果，大约 3 分钟。

8 生活中不缺少美

一、教学内容和教学目标

主题	生活态度 （1）对话：巧克力的作用、安慰朋友、堵车 （2）短文：选对生活态度、颜色对人的影响
语言点	学生能够了解并掌握： （1）“使”表示“让”的意思 （2）“只要”用于提出一个必要的条件 （3）“可不是”表示赞同、附和对方说的话 （4）“因此”表示“因为这个”的意思 （5）“往往”表示根据过去的经验，某种规律性事情在一定条件下经常发生 * 辨析“往往”和“经常”的异同
词汇	学生能够： （1）掌握本课 29 个四级大纲词汇的意义和用法 重点词语：伤心、愉快、放松、回忆、发生、堵车、耐心、缺少、到处、证明、积极 （2）理解“要”字的组词规律及在词汇中的意义

二、教学步骤

一 复习旧课

1 使用生词卡片，快速认读下列词语：

严重、动作、出现、后悔、反对、
超过、指、说明、辛苦、烦恼

2 快速回答问题（与第 7 课或学生实际生活有关的问题）：

（1）你觉得……（学生所在的地方）的气候怎么样？你习惯吗？
（2）长时间看电脑对健康有什么坏处？应该怎么解决？
（3）你喜欢散步吗？散步有什么好处？

3 检查作业：

请 3 名学生简单汇报一下他们对身边的人抽烟情况的调查结果。

二 学习新课

1 热身

热身 1：学生两人一组，合作完成；教师指出图片，请学生根据图片说出对应的词语，教师核对答案；教师领读热身 1 的生词；最后全体学生齐读，教师正音。

答案：①E ②F ③B ④D ⑤A ⑥C

热身 2：教师带领学生熟悉调查表格的内容；请学生两人一组，调查对方生活中送礼物的情况，请 2 ～ 3 名学生报告调查结果。

2 生词

（1）生词快速认读及正音

课文 1（对话）：巧克力、亲戚、伤心、使、心情、愉快

课文 2（对话）：景色、放松、压力、回忆、发生、成为、只要

课文 3（对话）：师傅、大使馆、堵车、距离、耐心

课文 4（短文）：生命、缺少、到处、态度、因此

课文 5（短文）：科学、证明、往往、阳光、积极、特点

- 教师用 PPT 或卡片展示并领读生词（带拼音）；
- 取消拼音，带领学生再次认读；
- 逐词（不带拼音）闪现，请学生快速认读生词；
- 请 3 ～ 5 个学生快速随机认读 3 ～ 5 个生词；
- 最后全体学生快速齐读所有生词。

（2）生词讲解方式

直观法（图片、实物）	图片类：亲戚（过春节家里来亲戚）、伤心（哭泣的照片）、景色（热身图片 B）、压力（第 4 课热身图片 C）、师傅（热身图片 F）、大使馆（热身图片 E）、堵车（热身图片 C）、距离（高速公路公里数标志）、生命（热身图片 D）、到处（热身图片 C） 实物类：巧克力、阳光
归纳法（归纳相关词语）	心情（伤心、愉快、难过、高兴……）
对比法（用反义词对比）	伤心—愉快（配合哭泣和欢笑两个图片）
替换法（同 / 近义替换）	缺少（少）、因此（所以）、往往（常常）
分解法（分解词义）	特点（特别的方面）
提问启发	回忆、成为、耐心、态度、科学、证明、积极 教师提问，引导学生说出句子： 他常常想以前的事，他……——他常常回忆以前的事。 我以前是学汉语的学生，现在呢？——现在成为汉语老师了。 学生每天问老师很多问题，老师是怎么做的？——老师耐心地回答学生的问题。

（续表）

提问启发	这家饭馆的服务非常好，比如，饭馆服务员的……——饭馆服务员的态度很好。 我们现在可以坐飞机、开车出门，以前只能走路或者骑马；现在可以发电子邮件、打电话跟朋友联系，以前只能寄信……什么改变了我们的生活呢？——科学改变了我们的生活。 马克觉得今天会下雨，玛丽觉得不会下雨，最后真的下雨了。马克和玛丽谁对？——最后证明马克对了。 老师问学生问题，很多学生都想回答，学生们……——学生们积极回答老师的问题。

（3）字形辨认练习

教师用卡片或 PPT 展示，请学生快速辨认并读出，最后给每个字组词。

克—况　　戚—叔　　快—块

堵—都　　距—跟　　缺—决

处—外　　往—住　　积—和

（4）重点生词扩展及常用搭配

伤心—很 / 比较 / 非常伤心—伤心的时候—她伤心的时候常想家。

愉快—很 / 比较 / 非常愉快—愉快的心情—心情变得愉快—吃巧克力能让人的心情变得愉快。

放松—很 / 比较 / 非常放松—放松放松—放松一下—好久都没这么放松了。

回忆—回忆小时候的事 / 比赛—回忆那次比赛—这段时间我总是回忆那次比赛。

发生—发生事情—事情发生了—事情已经发生了，就让它过去吧。

堵车—很 / 非常 / 有点儿堵车—堵了一小时车—现在是上班时间，前面有点儿堵车。

耐心—（没）有耐心—很 / 比较 / 非常有耐心—对学生很有耐心——遇到堵车，人们就容易变得没有耐心。

缺少—缺少钱 / 时间 / 美—生活中不缺少美。

到处—到处是人 / 自行车—到处去看看—生活中的美到处都是。

证明—研究证明—证明对和错—科学研究证明，他是对的。

积极—很 / 比较 / 非常积极—积极的态度—他的态度很积极—生活态度积极是她们的共同特点。

3 语言点

（1）使

① 语言点解析

“使”，动词，表示“让”的意思，常用在书面语中。

② 语言点导入

- 利用热身图片 B，使用同义表达“让”，替换导入。

教师：看到漂亮的景色，你心情会怎么样？

学生：漂亮的景色会让我的心情变得愉快。

教师总结："漂亮的景色会使我的心情变得愉快。"

- 联系生活实际，提问导入。

教师：你喜欢在网上购物吗？

学生：我经常在网上购物，任何时间我都能买东西，这使我的生活更方便了。

③ 语言点操练

利用热身图片 A、C，提问操练。

- 教师：谁喜欢吃巧克力？为什么喜欢？

图片 A 目标句：吃巧克力能使我的心情变好。

- 教师：上班时，要是遇到这种情况，你会怎么样？

图片 C 目标句：这种情况会使我变得越来越着急。

④ 语言点运用

请学生根据提示词用"使"补全下面的句子，并朗读。

I. 父母的话________________________。（明白）

II. 面试时经理问了马克很多问题，________________________。（紧张）

III. 每天回家看到这两只可爱的小猫，可以________________________。（忘）

参考答案：I. 使我明白他们为什么这么做了

II. 使马克一直很紧张

III. 使我忘掉一天的烦恼

（2）只要……就……

① 语言点解析

"只要"，连词，常用"只要……就……"结构。"只要"后面的句子提出一个必要的条件，"就"后面的句子表示这个条件所产生的结果。

② 语言点导入

- 联系学生实际，提问导入。

教师：我们怎么才能通过 HSK 考试呢？

学生：只要努力复习和准备，我们就能通过。

- 利用情境，提问导入。

假设老师去商店买洗衣机，让学生当售货员。

教师：我想买这台洗衣机，要是出现质量问题，怎么办呢？

学生：只要是在我们店买的洗衣机，我们都会免费给您修理。

③ 语言点操练

- 利用热身图片 C，提问操练。

教师：这儿怎么又堵车了？

学生：只要是上下班的时候，就会堵车，咱们还是坐地铁吧。/
　　　只要是走这条路，就会堵车，咱们还是走其他路吧。

- 联系学生实际，提问操练。

教师：我们都喜欢旅游，你们一般什么时候、去哪儿旅游？

学生：只要放假有时间，我就到海边旅游。

④ 语言点运用

请学生根据句子意思，连线组成 5 个完整的句子，并朗读。

只要	就
I. 明天不下雨	A. 一天的烦恼都跑掉了
II. 我晚上喝咖啡	B. 他一定会帮你想办法
III. 你给他打个电话	C. 肯定睡不着觉
IV. 散步时跟家人聊聊一天的工作	D. 玛丽会买很多又便宜又好看的衣服
V. 商场有打折活动	E. 我们去爬长城

参考答案：I. E　II. C　III. B　IV. A　V. D

（3）可不是

① 语言点解析

“可不是”，副词，表示赞同、附和对方说的话，常常单独成句，也可以简单地说成“可不”。

② 语言点导入

联系实际，在对话情景中导入。

- 教师：今天太热了！

学生：可不是！

- 教师：“己”和“已”这两个字太像了。

学生：可不是！

③ 语言点操练

利用热身图片 A、B，提问操练。

- 教师：这种巧克力一定很好吃。

学生：可不是！我每次去超市都买一点儿。

- 教师：这里的景色太美了！

学生：可不是！我很早就想来这里旅游了。

④ 语言点运用

请学生两人一组，根据情景补全对话，并分角色朗读。

I. A：今天堵车堵得怎么这么严重啊？

　B：可不是！______________________。

II. A：这个工作终于做完了，好久没这么放松了。

B：可不是！ ________________。

III. A：哥哥家的狗真是太聪明了！

B：可不！ ________________。

参考答案：I. 好像前面发生了什么事情

II. 每天看电脑，眼睛都累死了

III. 好多事情哥哥一教它就会

（4）因此

① 语言点解析

“因此”，连词，表示“因为这个”的意思，和“所以”的意思差不多，但一般不能和“因为”搭配使用。

② 语言点导入

- 利用热身图片 C，利用同义表达“所以”，替换导入。

教师：你怎么不开车呢？

学生：因为堵车堵得很厉害，所以我更喜欢坐地铁。

教师重复、板书或展示句子：“~~因为~~堵车堵得很厉害，因此我更喜欢坐地铁。”

教师用重音突出“因此”，并在板书或展示时，删掉“因为”。

- 联系对话 1 内容，提问导入。

教师：听说伤心难过的时候吃块巧克力，能使人的心情变得愉快。

学生：你说得对，因此，很多人回国时常常买点儿国外的巧克力送给朋友。

③ 语言点操练

教师：为什么现在越来越多的人喜欢网上购物了呢？

学生：在网上人们可以在任何时间买到自己喜欢的东西 / 在网上买东西又方便又便宜 /……，因此越来越多的人喜欢网上购物了。

④ 语言点运用

请学生根据情景补全下面的句子，并朗读。

I. 他生病了，因此，________________。

II. 年轻人刚开始工作时有很多东西要学，因此，________________。

III. 我们有时候不得不去做不喜欢的工作，因此，________________。

参考答案：I. 不能来参加今天的比赛了

II. 不要太着急赚钱

III. 对工作的责任心非常重要

（5）往往

① 语言点解析

“往往”，副词，表示根据过去的经验，某种情况在一定条件下经常发生，常用来说明有一定规律性的事情。

② 语言点导入

- 利用热身图片 C，提问导入。

  教师：一般什么时候会堵车？

  学生：上下班的时候。

  教师总结："上下班的时候往往会堵车。"

- 利用第 6 课文化图片，提问导入。

  教师：这些食品我们为什么叫它们"绿色食品"，不叫它们"白色或者黄色食品"呢？

  学生：绿色往往有生命和自然的意思，所以我们叫它们"绿色食品"。

③ 语言点操练

- 联系学生实际，提问操练。

  教师：学到两个意思很近的词，要是不明白用法，你能用对吗？

  学生：要是不明白用法，我往往用错。

- 利用图片（公园跑步），提问操练。

  教师：你以前也常在体育馆跑步吗？

  学生：我现在经常在体育馆跑步，但是以前往往在公园跑步。

④ 语言点运用

利用第 2 课热身图片 F、第 7 课热身图片 C、E，请学生使用"往往"进行描述。

I 

II 

III 

参考答案：I. 每到周末，朋友们往往去她家举行聚会。

II. 冬天天气很冷，往往会使很多人感冒、咳嗽。

III. 北京气候很干，不习惯的留学生往往会流鼻血。

⑤ 比一比：往往—经常

按照教材中的辨析步骤进行。

4 课文

（1）就课文内容，教师将下列问题写在黑板上或用PPT展示（或教师给学生发放问题单）：

课文 1

女儿给高老师带回来什么礼物？

哪种人特别喜欢吃巧克力？

吃巧克力能改变人的心情吗？

课文 2

上次足球比赛后，小夏的心情怎么样？

这段时间小夏常常做什么？

马克认为这次比赛小夏能踢好吗？

课文 3

马克要去哪儿？

师傅为什么走的路和以前不一样？这条路更远吗？

遇到堵车时，人们的心情会怎么样？师傅是怎么解决的？

课文 4

为什么有的人觉得生活中缺少美？

遇到烦恼的事情，我们应该怎么办？

课文 5

女孩子对衣服颜色的选择跟什么有关？

喜欢白色和红色的女孩子的性格有什么特点？

颜色和人的心情有关系吗？

（2）要求学生带着问题听两遍录音并回答问题，教师给出答案；

（3）学生打开课本，教师逐句播放录音，学生看课本听第二次录音并跟读；

（4）教师领读一遍课文；

（5）全班一起大声齐读一遍课文；

（6）请 2 ～ 3 组学生分角色朗读课文，教师正音；

（7）做以下课文扩展练习：

对话课文：教师带领学生根据问题单上问题的答案叙述课文内容，并请学生单个复述。

课文 1

巧克力是高老师的女儿从国外给她带回来的，味道不错。很多人都爱吃巧克力，尤其是女性。伤心难过的时候吃巧克力能使人的心情变得愉快。

课文 2

上次足球比赛后，小夏好久没这么放松了。这段时间他总是一个人坐在房间里回忆那次比赛。但是，事情已经发生了，过去的就让它过去吧，马克相信只要小夏好好准备，这次一定能把比赛踢好。

课文 3

马克去大使馆的时候，正是上班时间，前面有点儿堵车，他们走了另外一条路，距离差不多。一遇到堵车，人们就很容易变得没有耐心，心情也“堵”。但是司机师傅觉得堵车时正好可以休息一下，还可以听听喜欢的音乐。

短文课文：请学生根据课文内容，补全下面的语段，并请学生单个复述朗读。

课文 4

生活中不缺少美，缺少的是……（发现美的眼睛）。只要有心，生活中的美到处都是。生活的态度要……（自己选择），因此，遇到烦恼时，你应该想一些办法让自己……（从不高兴的心情中）走出来。

课文 5

……（科学研究）证明，女孩子对衣服颜色的选择往往与她们的性格有关。喜欢穿白色衣服的女孩子性格……（比较阳光），生活态度积极向上是……（她们的共同特点），而喜欢穿红色衣服的女孩子性格比较浪漫。而且，颜色也会……（影响人的心情）。

5 扩展

（1）领读“重要、主要、只要、要是”四个同字词，请学生说一说“要”字在词中的位置和意义。“要”的义项：

①重要：重要、主要

②如果：要是

③需要：只要

（2）请学生完成“选词填空”练习，教师给出答案。

参考答案：①主要　②要是　③重要　④只要

（3）请学生给这四个词选择恰当的位置，然后教师给出答案，并请学生朗读。

A. 要是　B. 只要　C. 主要　D. 重要

生活态度和人的心情有非常________的关系。有的人不管生活中遇到什么困难，心情总是很轻松，这________是因为他们有一个很好的生活态度。________遇到烦恼的事，你应该让自己从不高兴的心情中走出来。________你能做到这些，相信你的生活一定过得很愉快。

参考答案：D　C　A　B

6 补充课堂活动

学生 4 人一组，分享经验，说说自己喜欢哪些颜色，不喜欢哪些颜色，并说说原因，最后请每组派代表总结汇报。

7 文化

教师引导学生了解颜色的文化意义，可根据需求和时间安排，进行以下参考活动：

- 展示图片，请学生猜猜红色和白色用在了什么场合；
- 请学生介绍一下这些场合中自己国家喜欢用什么颜色；
- 请学生猜猜“黄色”在中国有什么文化意义。

8 布置作业

- 每个生词写 3 遍；
- 请学生说说自己的心情在什么情况下会不好，并介绍一下改变心情的方法。

9 阳光总在风雨后

一、教学内容和教学目标

主题	成功的经验 （1）对话：减肥、成功经历 1、成功经历 2 （2）短文：过程和结果、勇敢面对困难
语言点	学生能够了解并掌握： （1）“难道”用于加强反问语气 （2）“通过”表示把人或事物作为某种手段达到某种目的；从某个地方穿过；符合一定的标准或达到了某种要求 * 辨析“通过”和“经过”的异同 （3）“可是”表示转折 （4）“结果”表示事情发展达到的最后状态；因果关系 （5）“上”表示达到、够（一定数量）
词汇	学生能够： （1）掌握本课 30 个四级大纲词汇的意义和用法 重点词语：坚持、放弃、轻松、随便、当时、正确、勇敢、过程、总结、取、暂时 （2）了解 1 个非大纲词汇的意义：面对 （3）理解“果”字的组词规律及在词汇中的意义

二、教学步骤

一 复习旧课

1 使用生词卡片，快速认读下列词语：

伤心、愉快、放松、回忆、发生、堵车、
耐心、缺少、到处、证明、积极

2 快速回答问题（与第 8 课或学生实际生活有关的问题）：

（1）你喜欢吃巧克力吗？吃巧克力对人的心情有什么影响？
（2）遇到堵车时，你会怎么办？
（3）为什么人们会喜欢不同的颜色？

3 检查作业：

请 3 名学生简单介绍一下改变心情的方法。

二 学习新课

1 热身

热身 1：学生两人一组，合作完成；教师指出图片，请学生根据图片说出对应的词语，教师核对答案；教师领读热身 1 的生词；最后全体学生齐读，教师正音。

答案：①B ②D ③F ④C ⑤A ⑥E

热身 2：教师带领学生熟悉调查表格的内容；请学生两人一组，调查对方对成功的理解；请 2 ～ 3 名学生报告调查结果。

2 生词

（1）生词快速认读及正音

课文 1（对话）：饼干、难道、得、坚持、放弃、主意

课文 2（对话）：网球、国际、轻松、赢、随便、汗、通过

课文 3（对话）：篇、作家、当时、可是、正确、理想

课文 4（短文）：勇敢、结果、失败、过程、至少、总结

课文 5（短文）：取、经历、许多、区别、暂时、*面对

- 教师用 PPT 或卡片展示并领读生词（带拼音）；
- 取消拼音，带领学生再次认读；
- 逐词（不带拼音）闪现，请学生快速认读生词；
- 请 3 ～ 5 个学生快速随机认读 3 ～ 5 个生词；
- 最后全体学生快速齐读所有生词。

（2）生词讲解方式

直观法（图片）	饼干（热身图片 A）、网球（热身图片 D）、轻松（热身图片 B）、赢（世界杯冠军拿着奖杯）、汗（运动员汗流浃背）、作家（热身图片 F）、勇敢（热身图片 C）、失败（足球比赛，两队表情对比）
替换法（同 / 近义替换）	得（应该）、可是（但是）、正确（对的）、至少（最少）、许多（很多）、区别（不同）
对比法（反义词对比）	国际—国内
情景法（肢体动作）	取（从学生桌子取书）、面对（指着自己的脸，再指向学生，用手势比划面对的字面义）
搭配法（搭配的词组）	篇（一篇课文）
提问启发	坚持、放弃、主意、随便、当时、理想、过程、总结、暂时 教师提问，引导学生说出句子： 学习时会遇到很多困难，但是……——但是我们要坚持学习。 考试时有个题我不会，所以……——所以我放弃了那个题。 我们周末去哪儿聚会呢？——我有个好主意，去马克家吧。

（续表）

提问启发	欢迎你们来我家做客，请……——请随便坐、随便喝、随便玩儿。 你第一次刚到中国的时候是什么心情？——当时很紧张/高兴。 我小时候想当医生。——我小时候的理想是当医生。 如果想赢足球比赛，需要努力练习，很辛苦。——练习的过程很辛苦。 每次课最后，老师都会把学习的内容……——老师会把学习的内容总结一下。 你们刚来中国时遇到了一些问题，现在还有问题吗？所以……——刚来中国时遇到的问题是暂时的。

（3）字形辨认练习

教师用卡片或PPT展示，请学生快速辨认并读出，最后给每个字组词。

饼—饺　　网—刚　　篇—等

时—对　　确—解　　勇—用

败—放　　取—最　　区—医

（4）重点生词扩展及常用搭配

坚持—坚持坚持—坚持一下—坚持自己的理想—只能坚持—要想减肥成功，只能坚持。

放弃—他/我/朋友放弃—放弃这个问题/工作—我已经打算放弃了。

轻松—很/非常/特别轻松—轻轻松松—感觉很轻松—感觉你轻松轻松就赢了。

随便—很/非常/特别随便—随随便便—随便吃/玩儿/看/坐—没有人随随便便就能成功。

当时—当时的人/事/情况/问题—在当时—当时她的父母和亲戚都不支持她。

正确—很/非常/特别正确—正确的选择/想法—选择是正确的—向所有人证明她的选择是正确的。

勇敢—很/非常/特别勇敢—勇敢的人/孩子—勇敢地去做—如果你想做什么事情，那就勇敢地去做。

过程—做事情/练习的过程—过程中/上—我们应该把注意力放在做事情的过程上。

总结—总结经验/问题—总结出有用的经验—我们从失败中总结出有用的经验。

取—取钱/书/东西—取得—取得成功—取得成功的人—取得成功的人往往都经历过许多失败。

暂时—暂时的问题/情况—问题/困难是暂时的—困难只是暂时的。

3 语言点

（1）难道

① 语言点解析

“难道”，副词，加强反问语气。肯定反问句表示否定的意思，如“难道汉字真的这么难吗？”强调“汉字不难”；否定反问句表示肯定的意思，如“难道汉字不难吗？”强调“汉字很难”。

② 语言点导入

- 利用热身图片 E，提问导入否定反问句。

  教师：这个科学家是谁？

  学生：……（有的人可能不知道）

  教师：他很有名，你们应该知道啊！（重音突出“应该”）

  教师重复：……你们难道不知道？（教师加强反问的语气，重音突出“难道不”）

- 利用热身图片 C，提问导入肯定反问句。

  教师：你觉得他能走过去吗？

  学生：不能。

  教师：我觉得他应该走不过去！（重音突出“应该”“不”）

  教师重复：他难道能走过去？（教师加强反问的语气，重音突出“难道”）

③ 语言点操练

- 联系学生实际，进行操练。

  根据经验，写一个学过但学生经常忘记的汉字。

  教师：这个汉字怎么读？

  学生：……

  教师：我们学习过，你们应该认识啊！

  请学生模仿教师重复：难道你们不认识？

- 联系课堂实际，进行操练。

  教师：（天气下雨可能性很小）我觉得今天会下雨。

  学生：难道今天会下雨？

④ 语言点运用

请学生两人一组，根据情景用“难道”补全对话，并分角色朗读。

I. A：我昨天给你打电话，怎么一直没人接啊？

　B：我没接到你的电话，________________？

II. A：________________？

　B：是啊，马克已经告诉我开会的时间了。

III. A：________________？

　B：我感冒早就好了，我咳嗽是因为今天抽烟抽多了。

参考答案：I. 难道你打错电话号码了？
II. 难道你已经知道明天要开会了？
III. 你又咳嗽了，难道你的感冒还没好吗？

（2）通过

介词用法

① 语言点解析

“通过”，介词，表示把人或事物作为某种手段而达到某种目的。

② 语言点导入

联系学生实际，提问导入。

- 教师：我们可以怎么提高汉语听力水平呢？
  学生：跟中国人聊天儿。
  教师总结：“通过跟中国人聊天儿，可以提高我们的汉语听力水平。”
- 教师：有什么好办法能让自己放松心情呢？
  学生：通过听音乐可以放松心情。

③ 语言点操练

- 利用热身图片 F，提问操练。
  教师：你是怎么认识他的？
  学生：我是通过他的书认识他的。
- 根据情境，提问操练。
  教师：这本词典我找了很多家书店都没找到，你是怎么买到的？（通过图片提示网店）
  学生：我是通过网上书店买到的。

动词用法

① 语言点解析

“通过”，动词，表示从某个地方穿过，从一端或一侧到另一端或一侧；表示符合一定标准或达到了某种要求。

② 语言点导入

- 利用热身图片 C，提问导入。
  教师：从这里，到那里，你觉得他能通过吗？
  学生：能通过 / 通不过。
- 联系学生实际，提问操练。
  教师：考多少分，可以通过考试呢？
  学生：……

③ 语言点操练

利用图片，提问操练。

- 图片：狭窄的胡同过道
  教师：走这条路，两个人能一起通过吗？
  学生：两个人肯定不能一起通过。

- 图片：会议举手表决，3/4 人同意

  教师：这个决定获得通过了吗？

  学生：这个决定有 3/4 的人同意，获得通过了。

④ 语言点运用（关于两种用法）

请学生两人一组，根据情景用“通过”补全对话，并分角色朗读。

A：听说你昨天去一家公司面试了，怎么样？

B：______________________________。

A：太好了！我一直相信你能成功。你是怎么知道那家公司需要人的？

B：______________________________。

参考答案：我顺利通过面试了，他们通知我下周上班。

通过上网 / 参加招聘会，我才知道的。

⑤ 比一比：通过—经过

- 按照教材中的辨析步骤进行。

（3）可是

① 语言点解析

“可是”，连词，用在复句的后一分句，表示转折。前一分句常有“虽然”跟它搭配使用。

② 语言点导入

- 利用同义表达“但是”，替换导入。

  教师：马克病了，但是他还坚持来上课。

  教师重复：马克病了，可是他还坚持来上课。

  教师朗读两个句子，“可是”语气轻些，用手势和重音来区分“但是”和“可是”。

- 联系课文 1 的内容，提问导入。

  教师：你买这么多饼干，难道你不减肥了吗？

  学生：我已经减了一个月了，可是一点儿也没瘦，所以只好放弃了。

③ 语言点操练

- 利用热身图片 C，提问操练。

  教师：你相信他能通过吗？

  学生 A：相信。

  学生 B：不相信。

  学生目标句：……相信，可是……不相信。

- 联系实际生活，提问操练。

  教师：这个工作收入不是挺高的吗？你怎么又换工作了？

  学生：收入虽然挺高的，可是要经常加班，太辛苦了。

④ 语言点运用

请学生根据情景用“可是”补全句子，并朗读。

I. 妻子想用现金买冰箱，________________________。

II. 广告说这种葡萄酒味道不错，________________________。

III. 我觉得衣服流行不流行很重要，________________________。

参考答案：I. 可是她带的钱不够

II. 可是我不相信它像广告上说的那么好

III. 可是她觉得价格更重要

（4）结果

名词用法

① 语言点解析

“结果”，名词，表示事情发展达到的最后状态。

② 语言点导入

联系生活实际，提问导入。

- 教师：昨天巴西队和英国队的比赛谁赢了？（提问不太喜欢体育的学生）

  学生：我也不知道比赛的结果。

- 教师：面试结果出来了吗？不知道我这次能不能通过？

  学生：面试结果还没出来，再等等吧。

③ 语言点操练

利用情境，进行操练。

- 教师：马克上个星期考 HSK 四级了，他通过了吗？

  学生：我还不知道他的考试结果。

- 教师：如果没有你的帮助，我肯定不能按时完成任务。

  学生：你太客气了，这都是你自己努力的结果。

连词用法

① 语言点解析

“结果”，连词，表示因果关系。用在复句的后一个分句，表示前一个分句中所说的情况最后出现了什么结果。

② 语言点导入

联系生活实际，提问导入。

- 教师：昨天我想去公园跑步，可是下雨了，结果……

  学生：昨天我想去公园跑步，可是下雨了，结果就没去。

- 教师：她昨天还是好好儿的，怎么突然感冒了？

  学生：她从来没见过这么大的雪，所以在外边玩儿了很长时间，结果就感冒了。

③ 语言点操练

联系生活实际，提问操练。

教师：你今天怎么迟到了呢？

学生：昨天睡得太晚，起床起晚了，结果就迟到了。

教师：难道你昨天看了一晚上电视？

学生：没有，本来想上一会儿网就睡，结果联系上一个好久不见的老朋友，聊着聊着就晚了。

④ 语言点运用（关于两种用法）

利用第 7 课热身图片 F，请学生用“结果”进行描述。

参考答案：她的减肥结果非常好，已经瘦了 20 斤了。（名词）
她每天都去跑步、游泳，结果很快就瘦了。（连词）

（5）上

① 语言点解析

“上”，动词，表示达到、够（一定数量），后面常跟表示数量的宾语。

② 语言点导入

联系学生实际，提问导入。

教师：我们学校有多少外国留学生？

学生：……

教师：80？ 100？ 150？

教师总结：“我们学校有上百个留学生。”（≥ 100）

直接继续提问：

教师：……（北京语言大学）呢？（≥ 1000）

学生：上千个。

教师：……（北京市）呢？（≥ 10000）

学生：上万个。

教师板书或 PPT 展示：上 + 百 / 千 / 万

③ 语言点操练

联系生活实际，提问操练。

- 教师：我们学校有多长时间历史了？
  学生：上百年历史了。
- 教师：图书馆有多少种书？
  学生：上千 / 万种书。

④ 语言点运用

请学生根据情景用“上”补全句子，并朗读。

I. 每年过春节的时候，________________。

II. 那个公司很大，________________。

III. 这几天你去哪儿了？________________。

参考答案：I. 很多机票都是上千块钱

II. 好像有上千人

III. 我找了你上百次

4 课文

（1）就课文内容，教师将下列问题写在黑板上或用PPT展示（或教师给学生发放问题单）：

课文 1

孙月减肥成功了吗？

王静告诉孙月应该怎么做才能减肥？

要想减肥成功，什么最重要？

课文 2

张远网球打得怎么样？

看张远打网球给人什么感觉？

张远认为怎么才能成功？

课文 3

王红现在做什么工作？

王红以前做什么工作？

王红的父母和亲戚支持她吗？她是怎么做的？

课文 4

如果你想做什么事情，你应该怎么做？

你认为结果和过程哪个更重要？为什么？

如果最后失败了，我们还可以做什么？

课文 5

爱迪生是怎么找到电灯的材料的？

成功的人和普通人有什么不同？

怎么才能取得成功？

（2）要求学生带着问题听两遍录音并回答问题，教师给出答案；

（3）学生打开课本，教师逐句播放录音，学生看课本听第二次录音并跟读；

（4）教师领读一遍课文；

（5）全班一起大声齐读一遍课文；
（6）请 2 ～ 3 组学生分角色朗读课文，教师正音；
（7）做以下课文扩展练习：

对话课文：教师带领学生根据问题单上问题的答案叙述课文内容，并请学生单个复述。

课文 1

孙月减肥减了一个月都没有瘦下来，实在没有信心了。王静告诉她如果想减肥，就必须得少吃东西，而且要多运动。要想减肥成功，只有坚持，才会慢慢有效果。

课文 2

张远网球打得非常好，还得过很多国际大奖。每次看他比赛，感觉他轻轻松松就赢了。张远说没有人随随便便就能成功，不管春夏秋冬，他练球从来没有休息过一天。任何成功都要通过努力才能得到。

课文 3

王红放弃了律师的工作，专门写小说，现在已经是一个有名的作家了。当时她的父母和亲戚都不支持她，可是她坚持自己的选择，现在终于向所有人证明她的选择是正确的。

短文课文：请学生根据课文内容，补全下面的语段，并请学生单个复述朗读。

课文 4

如果你想做什么事情，那就勇敢地去做，不要……（担心结果），不要考虑……（会不会失败）。我们应该……（把注意力放在）做事情的过程上，即使最后失败了也没关系，因为至少你已经努力过，而且还可以从失败中……（总结出有用的经验）。

课文 5

爱迪生找了……（上千种材料）后才找到了能点亮电灯的材料。取得成功的人往往都经历过……（许多失败）。他们和普通人的区别就是他们都……（坚持了下来）。困难只是暂时的，我们只有……（勇敢地面对困难），才能有希望取得成功。

5 扩展

（1）领读“如果、结果、效果”三个同字词，请学生说一说“果”字在词中的位置、读音和意义。“果”的义项：

事情的结局：如果、结果、效果

（2）请学生说说还有哪些带“果”字的词，教师列在黑板上，如果没有，可补充下列真假同字词，最后请学生判断正误，教师给出正确答案。

果茶　　果然　　想果（×）　　果盘
要果（×）　　果酒　　后果

（3）请学生完成“选词填空”练习，教师给出答案。

参考答案：①结果　②如果　③效果

6 补充课堂活动

“如果你决定做一件事，但是你的父母、朋友都不支持你。你会怎么办？”学生 4 人一组，讨论一下，最后请每组派代表总结观点。

7 文化

教师引导学生了解“千里之行，始于足下”这句俗语的意思，可根据需求和时间安排，进行以下参考活动：

- 展示爬山和登顶两张图片，引导学生了解这句俗语的意思与比喻意义；
- 请学生说说自己国家的语言中，有哪些类似的表达；
- 请学生试着用这句俗语劝朋友坚持做某事，比如学习一种技能、准备一项比赛等。

8 布置作业

- 每个生词写 3 遍；
- 请学生讲有关某个成功的人的故事，说说他 / 她的成功经验，大约 5 分钟。

10 幸福的标准

一、教学内容和教学目标

主题	幸福 （1）对话：生活的辛苦和幸福、家庭的幸福、工作中的幸福 （2）短文：健康和幸福、幸福的标准
语言点	学生能够了解并掌握： （1）“不过”表示转折；仅仅 * 辨析“不过”和“但是”的异同 （2）“确实”对客观情况的真实性表示肯定 （3）“在……看来”表示下文是发表意见或表达看法 （4）“由于”表示原因 （5）“比如”引出说明某事物、某情况的例子
词汇	学生能够： （1）掌握本课 30 个四级大纲词汇的意义和用法 重点词语：空儿、永远、方向、优秀、兴奋、建议、关键、发展、条件、低 （2）理解“经”字的组词规律及在词汇中的意义

二、教学步骤

一 复习旧课

1 使用生词卡片，快速认读下列词语：

坚持、放弃、轻松、随便、当时、正确、
勇敢、过程、总结、取、暂时

2 快速回答问题（与第 9 课或学生实际生活有关的问题）：

（1）做事情时，你认为结果重要还是过程重要？为什么？
（2）你认为怎么才能取得成功？
（3）如果你的父母不支持你的决定，你会坚持吗？你会怎么办？

3 检查作业：

请 3 名学生分别讲一讲有关某个成功的人的经验。

二 学习新课

1 热身

热身 1：学生两人一组，合作完成；教师指出图片，请学生根据图片说出对应的词语，教师核对答案；教师领读热身 1 的生词；最后全体学生齐读，教师正音。

答案：①F ②A ③E ④B ⑤D ⑥C

热身 2：教师带领学生熟悉调查表格的内容；请学生两人一组，调查对方对幸福的态度；请 2 ～ 3 名学生报告调查结果。

2 生词

（1）生词快速认读及正音

课文 1（对话）：礼拜天、空儿、母亲、不过、永远、方向

课文 2（对话）：优秀、硕士、翻译、确实、兴奋、拉

课文 3（对话）：建议、职业、关键、将来、发展、躺、困

课文 4（短文）：经济、条件、富、穷、等、由于

课文 5（短文）：比如、橡皮、糖、低、答案

- 教师用 PPT 或卡片展示并领读生词（带拼音）；
- 取消拼音，带领学生再次认读；
- 逐词（不带拼音）闪现，请学生快速认读生词；
- 请 3 ～ 5 个学生快速随机认读 3 ～ 5 个生词；
- 最后全体学生快速齐读所有生词。

（2）生词讲解方式

直观法（图片、实物）	图片类：方向（指方向的路标）、硕士（热身图片 A）、翻译（热身图片 B）、兴奋（热身图片 F）、拉（热身图片 D）、发展（旧中国和新中国对比图片）、躺（热身图片 C）、困（热身图片 E）、经济（用“发展”的图片） 实物类：橡皮、糖
列举法（列举相关词语）	职业（医生、老师、警察……）
对比法（反义词对比）	永远（暂时）、富—穷（配合图片，富：比尔·盖茨；穷：难民或者乞丐）、低（高）、答案（问题）
替换法（同/近义替换）	礼拜天（星期天）、母亲（妈妈）、不过（但是）、优秀（很好）、确实（真的）、关键（最重要）、将来（以后）、由于（因为）、比如（例如）
分解法（分解词义）	空儿（不忙、有时间）
提问启发	建议、条件、等 教师提问，引导学生说出句子： 上班时可能堵车，我觉得你坐地铁比较好。——我建议你坐地铁。 我们教室里有电脑，有空调，有……，我们的教室怎么样？——我们教室的条件很不错。

（续表）

提问启发	冬天天气又冷又干，怎么才能不生病呢？——我们要坚持运动，多喝水，多吃水果等。

（3）字形辨认练习

教师用卡片或 PPT 展示，请学生快速辨认并读出，最后给每个字组词。

硕—题　　译—语　　拉—站

健—键　　职—识　　困—国

富—福　　穷—空　　橡—像

（4）重点生词扩展及常用搭配

空儿—（没）有空儿—有空儿吗？—礼拜天你有空儿吗？

永远—永远幸福 / 快乐—永远长不大—我想做一个永远长不大的孩子。

方向—一个方向—正确 / 努力的方向—有努力的方向—这个工作让我有了努力的方向。

优秀—很 / 非常 / 特别优秀—优秀的学生 / 律师—那么优秀—你有一个漂亮的女儿，还那么优秀。

兴奋—很/非常/特别兴奋—让人兴奋—兴奋地说/跳/跑—女儿兴奋地拉着我们去商场。

建议—一个建议—一个好建议—你 / 朋友 / 老师 / 父母的建议—我给你一个好建议。—我还没想好，正想听听你的建议。

关键—很 / 非常 / 特别关键—关键的问题 / 条件—找工作时，兴趣是关键。

发展—你 / 国家 / 经济 / 将来的发展—发展得很好—收入和将来的发展，哪个更重要？

条件—一个条件—经济 / 生活条件—经济条件很好—有人认为经济条件越好，人就越幸福。

低—很 / 非常 / 特别低—低得多 / 一点儿 / 很多—幸福感的高低—生活的态度决定了我们幸福感的高低。

3 语言点

（1）不过

连词用法

① 语言点解析

“不过”，连词，用在后一分句的开头，表示转折，对前一分句的意思做补充、修正。

② 语言点导入

利用近义表达“但是 / 可是”，替换导入。

教师：明天上午 9:00 开会，但是我忘了地点。

教师重复：明天上午 9:00 开会，可是我忘了地点。

教师重复：明天上午 9:00 开会，不过我忘了地点。

教师朗读三个句子，用重音和手势，凸显“但是”语气更重，“可是”和“不过”相近。

副词用法

① 语言点解析

"不过"，副词，仅仅，强调比较少、比较小。

② 语言点导入

利用同义表达"只有 / 只是"，替换导入。

- 教师：马克学习汉语只有半年，已经通过 HSK 四级考试了。

  学生目标句：马克学习汉语不过半年，已经通过 HSK 四级考试了。

- 教师：A：听说你找了我好几次。有什么急事吗？

  B：没什么急事，我只是想告诉你上次调查的结果。

  学生目标句：B：没有什么急事，我不过想告诉你上次调查的结果。

③ 语言点操练（利用相同图片或情景，操练两种用法）

- 利用热身图片 E，提问操练连词用法。

  教师：他现在在上班吗？

  学生目标句：他现在在上班，不过却很困。

  相同情景，继续提问操练副词用法。

  教师：现在 3 点了，他 6 点下班，他快要下班了吗？

  学生目标句：现在不过 3 点，下班还早呢。

- 利用热身图片 B，提问操练连词用法。

  教师：别担心，上面都有翻译，你一看就明白了。

  图片 B 目标句：虽然上面有翻译，不过却没有我们国家的语言，我都看不懂。

  相同情景，继续提问操练副词用法。

  教师：上面提供了很多种翻译吧？

  图片 B 目标句：没有很多种，不过提供了五种翻译。

④ 语言点运用（关于两种用法）

请学生根据句子内容，看下面哪些句子中的"不过"可以用"可是"替换，然后教师给出答案，并请学生朗读。

I. 你别生气，我不过是想给你提个建议，你可以不听。

II. 抽烟对身体一点儿好处也没有，不过他觉得抽烟这个动作很帅。

III. 要是健康是 1，其他东西不过是 1 后面的 0，所以一定要注意锻炼。

IV. 尽管已经毕业很多年了，不过我们还是经常联系。

参考答案：II、IV

⑤ 比一比：不过—但是

按照教材中的辨析步骤进行。

（2）确实

① 语言点解析

"确实"，副词，对客观情况的真实性表示肯定。

② 语言点导入

- 利用热身图片 F，提问导入。

  教师：这样一起跳起来的照片看上去真不错！

  学生：看上去确实不错，下次我们也按照这个方法照照片吧。

- 利用情境，提问导入。

  教师：去那里旅游真让人兴奋啊！

  学生：那里别提多漂亮了！看到这样漂亮的景色确实让人兴奋。

③ 语言点操练

联系课堂实际，提问操练。

- 教师：我是一个好老师吗？（可以活跃气氛）

  学生：您确实是一个好老师。您不仅性格活泼，而且讲课的方法也很科学。

- 教师：你不是说你喜欢学习汉语吗？怎么每天都不复习呢？

  学生：我确实喜欢学习汉语，不过除了学习，我还要工作，所以没很多时间复习。

④ 语言点运用

请学生两人一组，根据情景补全对话，并分角色朗读。

I. A：现在网上购物太方便了，我都好久没去过商场了。

B：________________________________。

II. A：听说这个电影很不错，你看了吗？

B：________________________________。

III. A：你不觉得这家饭馆儿的菜太贵了吗？

B：________________________________。

参考答案：I. 网上购物确实方便，而且还便宜。

II. 我昨天刚看，确定非常好，还很感人，值得一看。

III. 这家饭馆儿的菜确实贵，不过菜的味道也确实不错。

（3）在……看来

① 语言点解析

“在……看来”，插入语，表示下文是发表意见或表达看法。

② 语言点导入

联系生活实际，提问导入。

教师：买衣服时，衣服的样子和质量，哪个更重要？

学生 A：……（质量）

教师总结：“在……看来，衣服的质量更重要。”

教师：其他人呢？

学生 B：在我看来，……

③ 语言点操练

联系生活实际，提问操练。

教师：你认为现在找工作容易吗？

学生 A：在我看来，……

学生 B：在我看来，……

教师：大家看法都差不多，所以……

学生：在我们看来，……

④ 语言点运用

请学生两人一组，根据情景用“在……看来”补全对话，并分角色朗读。

I. A：我觉得如果发现不喜欢自己的工作，就应该马上换。

B：________________________________。

II. A：每个人对“真正的朋友”都有不同的理解。

B：________________________________。

III. A：为了照顾老人和孩子，她竟然放弃了自己喜欢的工作。

B：________________________________。

参考答案：I. 在我看来，马上换工作并不好。

II. 对。在我看来，真正的朋友就是当我遇到困难的时候，能及时给我帮助的人。

III. 在她看来，家庭比工作更重要，所以才放弃了自己喜欢的工作。

（4）由于

① 语言点解析

“由于”，表示原因。做连词时，后面跟句子，一般在复句的前一个分句中；做介词时，后面跟名词性词语。

② 语言点导入

利用热身图片 E 提问，并用近义表达“因为”，替换导入。

教师：现在是上班时间，他为什么这么困啊？

学生：因为他昨天晚上 12 点才睡，所以上班时比较困。

教师替换为：由于他昨天晚上 12 点才睡，所以上班时比较困。

教师：那他昨天晚上为什么睡得那么晚呢？昨晚也工作了吗？

学生：是，由于工作，所以昨晚睡得很晚。

③ 语言点操练

联系实际，提问操练。

- 教师：×××，我发现你大学毕业工作以后变胖了。

  学生：工作以后，由于缺少锻炼，可是吃的还是和以前一样，所以就慢慢变胖了。

- 教师：有的留学生刚来北京的时候，可能会流鼻血。这是什么原因呢？

  学生：由于气候 / 天气原因，很多留学生觉得很干。

④ 语言点运用

利用第 2 课热身图片 B，请学生用“由于”进行描述。

参考答案：由于她们有共同的爱好，因此她们很快成了好朋友。
由于她们毕业后好久没见面了，所以她们聊了很多。
由于爱好差不多，她们一见面就有说不完的话。

（5）比如

① 语言点解析

"比如"，动词，引出说明某事物、某情况的例子，可以跟"等（等）"搭配使用。

② 语言点导入

- 联系学生学过的课文（第 8 课课文 5），提问导入。

  教师：根据研究，女孩子穿衣服的颜色与她们的性格有关。

  学生：是的，比如爱穿红色的女孩子性格比较浪漫。

- 联系学生实际，提问导入。

  教师：关于大学生毕业后选择职业的态度，我应该调查哪些问题呢？

  学生：比如喜欢什么工作、希望收入有多少、能不能接受加班等等。

③ 语言点操练

- 教师：你想去哪儿旅游？

  学生：我想去很多地方，比如上海、云南、……

- 教师：中国经济发展得很快，跟以前比，中国人的生活有哪些改变呢？

  学生：中国人的生活条件有很多改变，比如很多人开始开车上班、人们放假时经常到国外旅游等等。

④ 语言点运用

请学生使用"比如"回答下面的问题。

I. 你喜欢看中国电影吗？看过哪些电影？

II. 你认为什么是真正的朋友？

III. 找工作面试时应该注意哪些问题呢？

IV. 中国文化中颜色的意思和你们国家一样吗？

V. 你喜欢吃中国菜吗？喜欢吃什么？

4 课文

（1）就课文内容，教师将下列问题写在黑板上或用PPT展示（或教师给学生发放问题单）：

课文 1

王静陪孙月逛街吗？为什么？
王静现在生活怎么样？
为什么王静说自己有努力的方向？

课文 2

高老师的女儿怎么样？

她女儿拿到工资后做了什么？

有的人总是觉得别人的生活比自己的好，这样对吗？

课文 3

小夏毕业后打算做什么？

小夏觉得选择职业时，应该考虑哪些方面？

在小雨看来，选择职业时哪个方面是关键？

课文 4

有的人认为哪种人更幸福？

这个想法对吗？为什么？

哪些东西是钱买不到的？

课文 5

关于什么是幸福，有哪些不同的理解？

对小孩子来说，什么可能是幸福？

长大后人们怎么才能感到幸福呢？

（2）要求学生带着问题，听两遍录音并回答问题，教师给出答案；

（3）学生打开课本，教师逐句播放录音，学生看课本听第二次录音并跟读；

（4）教师领读一遍课文；

（5）全班一起大声齐读一遍课文；

（6）请 2 ～ 3 组学生分角色朗读课文，教师正音；

（7）做以下课文扩展练习：

对话课文：教师带领学生根据问题单上问题的答案叙述课文内容，并请学生单个复述。

课文 1

王静礼拜天没有空儿，不能陪孙月逛街。王静现在生活很辛苦，不过也很幸福。因为在母亲面前她可以做一个永远长不大的孩子，在孩子面前她又是个母亲，这让她有了努力的方向。

课文 2

高老师有一个又漂亮又优秀的女儿，硕士毕业后就当了翻译。女儿刚拿到第一个月工资时就兴奋地拉着高老师和她丈夫去商场，给他们俩买了礼物。每个人都有每个人的生活，不用羡慕别人。

课文 3

马上就要毕业了，小夏还没想好毕业后做什么，不知道在选择职业时，收入和将来的发展哪个更重要，所以想听听小雨的建议。在小雨看来，赚钱多少不是最重要的，兴趣才是关键。

短文课文：请学生根据课文内容，补全下面的语段，并请学生单个复述朗读。

课文 4

有的人认为……（经济条件越好）人就越幸福，其实有很多富人过得并不愉快，而有些穷人却……（过得很快乐）。有钱不一定幸福，因为很多东西都是……（不能用钱买到）的，例如时间、感情、……（生活经历等）。

课文 5

有的人认为工资高、能赚钱是幸福，有的人认为……（心情放松、身体健康）才是幸福，也有人认为能帮助别人就是一种幸福。还有人说，小时候幸福是一件东西，比如橡皮、糖；长大后幸福……（是一种态度），生活的态度决定了……（幸福感的高低）。所以，幸福并没有……（一个标准答案）。

5 扩展

（1）领读“经济、经验、经历”三个同字词，请学生说一说“经”字在词中的位置和意义。“经”的义项：

①经营、治理：经济

②经过：经验、经历

（2）请学生说说还有哪些带“经”字的词，教师列在黑板上，如果没有，可补充下列真假同字词，最后请学生判断正误，教师给出正确答案。

经校（×）	经费	经过	经手
经常	经商	经理	经心（×）

（3）请学生完成“选词填空”练习，教师给出答案。

参考答案：①经历　②经济　③经验

6 补充课堂活动

全班学生分成两组，就“经济条件越好人就越幸福”这个问题开展辩论赛。辩论前请各组学生一起准备 15 分钟左右，教师巡场指导学生确立观点、组织语言。

7 文化

教师引导学生了解“知足常乐”的意思，可根据需求和时间安排，进行以下参考活动：

- 展示图片（大肚弥勒佛），请学生说说他的特点；
- 结合“笑”字的拟人化、漫画式写法，说说怎么才能使生活中充满欢笑；
- 引出“知足常乐”，并请学生说说自己对这句话的看法。

8 布置作业参考

- 每个生词写 3 遍；
- 谈谈自己对幸福的理解，介绍一个自己认为很幸福的人，大约 3 分钟。

练习册听力文本及参考答案

第 1 课　简单的爱情

一、听力

第一部分

第 1—5 题：判断对错。

例如：我想去办个信用卡，今天下午你有时间吗？陪我去一趟银行？

★他打算下午去银行。

现在我很少看电视，其中一个原因是，广告太多了，不管什么时间，也不管什么节目，只要你打开电视，总能看到那么多的广告，浪费我的时间。

★他喜欢看电视广告。

1. 我和他是在朋友家里认识的，虽然第一次见面的时候没怎么聊天儿，但是他给我的印象很深。后来我们进了同一家公司，每天一起工作，才慢慢熟悉起来。
 ★他们俩是在公司认识的。

2. 妻子们大多都希望自己的丈夫能记住他们是哪天结婚的，而且能在每年的那一天看到丈夫送她的礼物。
 ★妻子希望丈夫天天送她礼物。

3. 踢足球不是一个人的运动，即使你踢得很好，没有其他球员的努力，比赛也不会好看。
 ★踢足球需要球员们一起努力。

4. 怎么样才能找到适合自己的人？两个人共同生活，不仅需要浪漫的爱情，更需要性格上互相吸引，最重要的是，两个人都要想着好好照顾家人。
 ★爱情不需要浪漫。

5. 我们总是羡慕别人有个好工作、有个好妻子，但是常常忘记了自己已经有的幸福。其实，我们在很多人眼里也是幸福的，只是我们没有发现。
 ★不要总是羡慕别人。

第二部分

第 6—12 题：请选出正确答案。

例如：

女：该加油了，去机场的路上有加油站吗？

男：有，你放心吧。

问：男的主要是什么意思？

6. 女：什么时候让我们见见你的女朋友？
男：没问题。姐，我们正想下个周末请家里人一起吃个饭呢。
问：说话人是什么关系？

7. 男：王老师，我下个月十号就要结婚了。
女：你不是在开玩笑吧？你们才认识一个月呀。
问：女的觉得怎么样？

8. 女：我希望我的男朋友又高又帅，还要非常幽默。
男：你说的是我吗？
问：根据对话，可以知道男的怎么样？

9. 女：小李，我给你介绍个女朋友吧，说说你有什么要求。
男：我啊，喜欢可爱的女孩子，漂亮不漂亮没关系。
问：男的觉得哪种女孩子比较好？

10. 女：这个电影讲了一个爱情故事，很浪漫，特别让人感动。
男：你们女孩子就是喜欢看这种电影。
问：他们在说什么？

11. 女：好几年没见，你还是这么爱开玩笑。
男：没有，我说的是真的，你真的比以前更年轻、更漂亮了。
问：男的觉得女的怎么样？

12. 男：你家里怎么有这么多关于法律的书？你大学学的就是法律吗？
女：哪儿啊？我大学读的是数学，只是我最近对法律特别感兴趣。
问：女的上大学时是学什么的？

第三部分

第 13—22 题：请选出正确答案。
例如：
男：把这个材料复印 5 份，一会儿拿到会议室发给大家。
女：好的。会议是下午三点吗？
男：改了。三点半，推迟了半个小时。
女：好，602 会议室没变吧？
男：对，没变。
问：会议几点开始？

13. 女：明天的电影你想不想看？
男：我当然想看，可是票早就卖完了。
女：我朋友多给了我一张，那到时候一起去吧。
男：真的吗？你不是在开玩笑吧？
女：怎么会呢？明晚七点南门见。
问：明天晚上他们要去干什么？

14. 女：你最近忙吗？哪天有时间？
男：怎么了？又想让我陪你吃饭呀？
女：我的笔记本电脑太旧了，我想买个新的。
男：那十七号周六我和你去看看。
问：男的哪天有时间？

15. 男：今天我去不了了，我明天晚上去吧。
女：不会又要加班吧？
男：没办法，同事们都在公司忙呢。
女：好的，那就明天晚上。
问：男的今天为什么去不了？

16. 女：您的衬衫……对不起，真对不起。
男：没关系，我去洗洗就好了。
女：真对不起，我帮您再买一杯咖啡吧。
男：不用，没事。
问：关于男的，下列哪个正确？

17. 女：我们三年没见了吧？你过得怎么样？
男：我？还是老样子。你呢？
女：我上个月刚结婚，正准备和我先生一起出去旅游。
男：真的吗？祝你新婚快乐！
问：关于女的，下列哪个正确？

18. 女：我今天整理房间的时候找到个好东西。
男：找到什么了？是钱吗？
女：不是，是我们结婚时的一张照片。
男：是哪张啊？你这么高兴，快拿来我看看。
问：他们是什么关系？

第 19 到 20 题是根据下面一段话：

说到结婚，人们会很自然地想起爱情。爱情是结婚的最重要原因，但是只有爱情是不够的。两个人还应该互相理解、互相关心，只有这样才能很好地生活在一起。

19. 说话人觉得结婚的最重要原因是什么？
20. 夫妻两个人怎样才能很好地在一起生活？

第 21 到 22 题是根据下面一段话：

每个人都希望自己有幽默感，幽默的人能在很多事情中发现有意思的东西，再普通的小事经过他们的嘴都可能变得很有意思，让人笑得肚子疼。一个有幽默感的人走到哪里，都会给别人带去快乐，所以总是受到大家的欢迎。

21. 幽默的人怎么样？
22. 人们为什么都喜欢幽默的人？

参考答案

一、听力

1—5：× × ✓ × ✓

6—12：D B A C C D D

13—22：A C A D D
A B D C A

二、阅读

23—26：E A C B

27—30：D E B A

31—34：ACB CBA ACB BAC

35—43：B B C C D B A D D

三、书写

44. 她很羡慕会跳舞的人。
45. 你最好换一件衣服。
46. 没人知道经理请假的原因。
47. 她们俩没参加考试。
48. 他把那辆自行车送给我了。
49. 幸福就是和你爱的人在一起，共同生活。
50. 他们俩周末经常去一起买东西。

第2课　真正的朋友

一、听力

第一部分

第1—5题：判断对错。

1. 平时要主动给朋友打电话，别等到需要朋友帮助时才想到要和他们联系。要知道，能有一个真正的朋友，有一段真正的友谊，是多么不容易！
   ★平时要多跟朋友联系。

2. 现在朋友之间经常发各种幽默短信，这给我们的生活带来一些快乐。但是如果同样的幽默短信你收到了三四次，相信你也笑不出来了。
   ★发短信很麻烦。

3. 天天在一起的朋友，不一定是你真正的朋友。真正的朋友，是那些当你遇到困难时会努力帮助你的人。
   ★对朋友要热情。

4. 幽默能帮助人们打开友谊的大门，因为与幽默的人聊天儿总是很快乐。
   ★幽默的人容易交朋友。

5. 毕业是一件让人高兴的事，因为我们马上要开始新的生活。毕业也是一件让人难过的事，因为许多平时常在一起的朋友，以后见面的机会会变少。
   ★毕业让人又高兴又难过。

第二部分

第6—12题：请选出正确答案。

6. 女：咱们就去楼下走走吧，别去逛街了。
   男：好，我同意。
   问：男的同意做什么？

7. 女：别送了，你回去吧。
   男：好，下了飞机给我发个短信。
   问：他们最可能在哪儿？

8. 男：喂，你在哪儿呢？怎么这么吵？
   女：我现在在火车站，你说话我听不太清楚，过会儿我再跟你联系吧。
   问：女的现在在哪儿？

9. 女：你篮球打得真好！你平时经常练习吗？
男：是的，我每个周末都会和朋友们来打球，每次打两个小时。
问：关于男的，可以知道什么？

10. 女：喂，你中午几点到？我请个假去机场接你。
男：不用专门来接我，我行李很少，你放心吧，家里见。
问：男的是什么意思？

11. 男：那镜子太重了，还是我来搬吧。
女：麻烦你了，还得请你帮忙。
问：女的是什么意思？

12. 男：我刚才重新看了一下，这个地方是错的，你再检查一下。
女：啊，对不起，那我再检查检查。
问：关于女的，可以知道什么？

第三部分

第 13—22 题：请选出正确答案。

13. 女：你女儿毕业了吧？
男：是啊，毕业差不多两年了。
女：现在在哪儿上班呢？
男：在我们家附近的一个医院，当医生。
问：男的的女儿是做什么的？

14. 男：今天我们要走路去图书馆了。
女：怎么了？你的自行车呢？坏了？
男：不是，昨天被一个朋友借走了。
女：没关系，那我们就走过去吧，就当锻炼身体了。
问：他们怎么去图书馆？

15. 女：来这儿一个多星期了，还适应吗？
男：还行，就是天气特别冷，每天多穿些衣服就好了。
女：那就好。以后有什么问题就告诉我。
男：好的，麻烦您了。
问：男的觉得这儿怎么样？

16. 女：你好，请问小王在家吗？
男：他不在家，游泳去了。
女：他什么时候回来？
男：一会儿就回来了。
女：好的，那我过一会儿再联系他吧。麻烦你了，再见。
问：小王做什么去了？

17. 女：后天同学聚会，你能来吗？
男：当然了。你联系得怎么样了？能来多少人？
女：差不多一半吧，李进还专门从国外回来了呢。
男：是吗？毕业已经十年了，真想大家啊。
问：他们最可能是什么关系？

18. 男：今天是小王请客？他有什么高兴事啊？
女：他搬新家了，晚上请老同学们去家里吃饭，正好看看他的新房子。
男：是吗？他在哪儿买的房子？
女：他那儿的名字好像是"城市花园"，环境很好，很安静。
问：小王为什么请客？

第19到20题是根据下面一段话：

一天，小张和女朋友一起去爬山。他们爬了三个小时，女朋友累坏了。这时小张说："快看下面哪，多美啊！"女朋友回答："下面那么美，我们为什么要花三个小时爬到上面来呢？"

19. 山下面怎么样？
20. 关于小张的女朋友，可以知道什么？

第21到22题是根据下面一段话：

在城市，一回家就把门一关，从不和邻居聊天儿，住了几年还不知道邻居姓什么。其实，邻居应该成为住在旁边的好朋友，大家有事多联系，互相多帮助，这样生活会更好。

21. 城市中很多邻居间的关系怎么样？
22. 这段话主要谈什么？

参考答案

一、听力

1—5：✓ × × ✓ ✓
6—12：C A B D C A C
13—22：B D C D A
C C A C B

二、阅读

23—26：C E B A
27—30：E A D B
31—34：BAC BCA ACB CBA
35—43：C D A B C C A C B

三、书写

44. 幽默的人更容易交到朋友。
45. 你和大学同学还有联系吗？
46. 你最好重新检查一下。
47. 朋友之间要互相理解。
48. 我打算陪叔叔去长城看看。
49. 多和周围的人交流，可以交到更多的朋友。
50. 毕业是一件让人高兴的事。

第 3 课　经理对我印象不错

一、听力

第一部分

第 1—5 题：判断对错。

1. 我通过那家公司的面试了。经理对我印象不错，他要我明天就正式去上班。真没想到，找工作这么容易。
★他在等面试通知。

2. 小林，这次招聘是你负责吧？李教授介绍了他的一个学生，还不错，这是他的材料，你看看。
★小林正在找工作。

3. 去面试的时候衣服要穿得正式一些，不能太随便，这样能给面试者留下一个好的第一印象。
★面试时必须准时到。

4. 大学毕业以后，他去了一家公司。公司经常让他去国外，短短一年的时间，就去了十几个国家。同学们都很羡慕他。
★他去过很多国家。

5. 大家现在工作都很努力，虽然马经理没有说，但是大家都明白，他对我们最近的工作还是很满意的。
★马经理告诉大家他很满意。

第二部分

第 6—12 题：请选出正确答案。

6. 男：小张，原定后天上午的会改在明天下午两点了，你通知一下其他人。
女：好的，经理，我现在就打电话。
问：会议原来准备什么时候开？

7. 女：穿得这么正式，是不是又有约会？
男：不是，下午公司要面试几个人，我去看一下。
问：男的下午要做什么？

8. 男：这件事让小王负责怎么样？
女：我觉得他挺适合的，他就是学这个专业的，做事情也很认真。
问：女的觉得小王怎么样？

9. 男：你感觉今天来应聘的两个人怎么样？
女：我觉得第一个小伙子不错，不但有能力，而且很诚实。
问：女的觉得第一个小伙子怎么样？

10. 男：你联系马经理了吗？
女：联系过了，我已经通知他会议改到办公楼了。
问：关于这次会议，可以知道什么？

11. 男：如果王律师回来，请你马上通知我。
女：好的，他一回来我就跟您联系。
问：男的在找谁？

12. 女：你对小李的印象怎么样？
男：虽然他能力比较强，工作有热情，但是太不认真了，不适合我们的工作。
问：男的觉得小李怎么样？

第三部分

第 13—22 题：请选出正确答案。

13. 男：你工作找得怎么样了？
女：挺好的，已经定下来了。
男：太好了！什么时候正式上班？
女：七月九号。
问：关于女的，可以知道什么？

14. 女：哥，今天面试怎么样？
男：还行，刚开始有点儿紧张，后来慢慢就好了。
女：我相信你一定没问题。
男：他们说下个星期会发邮件通知。
问：关于男的，下列哪个正确？

15. 男：小李，我那儿还需要个服务员，你有没有好的人选？
女：是吗？能让我妹妹来试试吗？
男：当然可以。我见过她，很认真，明天让她来试一下吧。
女：太好了！谢谢您给她这个机会。
问：男的觉得小李的妹妹怎么样？

16. 男：这次招聘谁负责？小张，是你吗？
女：对，是我，经理。都准备得差不多了。
男：有什么问题，你可以来找我。
女：谢谢您的帮助。
问：关于这次招聘，可以知道什么？

17. 男：你今天怎么穿得这么正式？
女：有家银行通知我去面试，所以就穿成这样了。
男：银行挺好的，面试时别紧张啊！
女：放心吧。
问：女的为什么穿得很正式？

18. 女：毕业后你打算留在北京？
男：是的，我在这儿上了四年学，对这儿比较熟悉。
女：可打算留在北京工作的人很多啊。
男：是这样，但机会也很多。
问：男的觉得北京怎么样？

第 19 到 20 题是根据下面一段话：

努力把事情做到最好，这当然是对的。不过，当别人请你帮忙时，对那些自己很难办成的事情，最好还是先想清楚。如果最后事情没办成，不仅自己会觉得不好意思，而且别人以后也有可能不再相信你了。

19. 别人让你做的事情太难时，你该怎么办？
20. 这段话主要想告诉我们什么？

第 21 到 22 题是根据下面一段话：

第一印象本来不一定是对的，但改变起来却很困难。第一印象会影响你以后对这个人的感觉和判断。所以，给第一次见面的同事留下好的印象，以后的工作可能会更好做；给第一次见面的顾客留下好的印象，你可能会卖出更多的东西。

21. 关于第一印象，可以知道什么？
22. 这段话主要在说什么？

参考答案

一、听力

1—5：× × × ✓ ×
6—12：C B D B B A B
13—22：C B D C B
C C A B D

二、阅读

23—26：C E B A
27—30：B E A D
31—34：BCA ABC ACB BAC
35—43：B A C D C D D C D

三、书写

44. 高校长让我通知大家下午两点开会。
45. 第一印象一般很难改变。
46. 楼下的超市要招聘两名服务员。
47. 时间安排得很紧张。
48. 那位司机给我留下了很深的印象。
49. 这次面试时间安排得很紧张。
50. 他这个人一直很准时，开会从来不迟到。

第4课　不要太着急赚钱

一、听力

第一部分

第1—5题：判断对错。

1. 小张，你这份计划书写得不错，就按照这个计划去做调查吧。
★小张的计划书写得很好。

2. 小李，你把这些材料发给大家，再通知一下大家今天晚上要加班。
★他们今天不用加班。

3. 李经理这两天去上海了，现在不在公司。您如果有什么着急的事情找他，可以打他的手机。
★李经理不在上海。

4. 经理，我查了一下明天去北京的火车，晚上六点二十的还有票，八点到。时间还不是太紧张，您觉得怎么样？
★经理明天去火车站接人。

5. 大家请注意，现在休息十五分钟，十点半大家一起照相。我们为大家准备了饮料和蛋糕，就在门口的桌子上。
★现在是十点一刻。

第二部分

第6—12题：请选出正确答案。

6. 男：你对新来的那个小伙子印象怎么样？
女：不错，人挺聪明，学东西也快，就是没什么经验，还需要多锻炼锻炼。
问：女的觉得那个小伙子怎么样？

7. 男：小李，计划书我看了，有几个地方需要改改，我写在上面了。
女：我认真看了，您提醒得对，我马上改。
问：关于计划书，可以知道什么？

8. 男：能谈谈你为什么会选择这份工作吗？
女：首先，我对这份工作很感兴趣，其次，我学的也是这个专业，比较熟悉。
问：女的最可能在做什么？

9. 女：小马，今天下午的会议提前一个小时，改在两点开。
男：我已经看到通知了，谢谢你。
问：关于会议，可以知道什么？

10. 女：经理，我想把这个工作交给小李，您看怎么样？
男：他有能力也有责任心，虽然经验不多，但可以让他试试。
问：谁的经验少？

11. 女：什么事让你这么高兴啊？
男：我们和上次那个汽车公司的生意终于谈成了。
问：男的为什么高兴？

12. 男：你怎么又想换工作了？这儿的收入不是挺高的吗？
女：可是经常要加班，我几乎没时间陪孩子。
问：女的为什么想换工作？

第三部分

第 13—22 题：请选出正确答案。

13. 女：今天的生意谈成了吗？
男：没有，出了点儿问题。
女：怎么回事？
男：遇到些困难，事情变得比较麻烦，我回去再跟你说。
问：根据对话，下列哪个正确？

14. 女：听说你大学三年级的时候就开始给电脑公司做事了。
男：是的，这让我积累了不少工作经验。
女：这样做不会影响你的学习吗？
男：我认为不会，工作能让我更好地理解书本上的知识。
问：男的对一边学习一边工作怎么看？

15. 男：下午的面试怎么样？顺利吗？
女：我以为挺简单，所以准备得不够，谁知道问了很多问题，我说话时特别紧张。
男：他们什么时候给你通知？
女：明天或者后天吧，他们会打电话通知。
问：女的觉得面试怎么样？

16. 女：谁的手机啊？
男：是李经理的，他在会议室开会呢。
女：你把手机给他拿过去吧，可能谁有什么急事要联系他。
男：好的，我现在就去。
问：李经理正在做什么？

17. 男：你那儿最近有什么好消息没？
女：好消息和坏消息各有一个，你先听哪个？
男：那你先说坏消息是什么。
女：以前那家奶牛场不向我们提供牛奶了。好消息是我们又联系上了另一家奶牛场。
问：以前的奶牛场怎么了？

18. 女：听说你现在在做生意，怎么样？
男：我本来以为很简单，做起来才发现并不容易，很辛苦。
女：万事开头难，慢慢来，重要的是要多积累经验。
男：是，我也是这样想的。
问：女的是什么意思？

第19到20题是根据下面一段话：

大学生毕业前找工作时，首先要知道自己想干什么；其次还要知道自己能干什么，这样才能找到一个适合自己的工作。另外，不要只看工资，还要注意多积累工作经验。

19. 大学生找工作先要知道什么？
20. 这段话建议大学生找工作要注意什么？

第21到22题是根据下面一段话：

首先，律师是我最喜欢的工作，我从小就想当一名律师；其次，我大学和研究生学的都是法律专业，符合招聘的要求；第三，我有丰富的工作经验，而且做事认真，比较有责任心。所以，我觉得我完全有能力做好这份工作，希望您可以给我一个机会，谢谢。

21. 关于说话人，下列哪个正确？
22. 说话人最可能在做什么？

参考答案

一、听力

1—5：✓　×　×　×　✓
6—12：A　D　A　C　B　C　B
13—22：B　C　C　A　D
C　D　C　C　A

二、阅读

23—26：C　A　E　B
27—30：D　A　E　B
31—34：BAC　ACB　ABC　BAC
35—43：C　D　B　A　D　A　C　D　B

三、书写

44. 他不得不改变原来的计划。
45. 能力比知识更重要。
46. 我保证按时完成工作。
47. 这个消息很快就被朋友们知道了。
48. 我在工作中积累了丰富的经验。
49. 她听说这个消息后并不相信这是真的。
50. 不管做什么事情，提前做计划都非常重要。

第 5 课　只买对的，不买贵的

一、听力

第一部分

第 1—5 题：判断对错。

1. 你去拿辆购物车吧，咱们今天要买的东西挺多的，那样方便一些。
★他们正在请客。

2. 我觉得这条裙子很适合女儿，又是女儿最喜欢的颜色，而且还打折，咱们就买这条吧。
★他对那条裙子很满意。

3. 小王没带现金，而且这里不能使用信用卡，必须用现金，所以他只能向我借钱，他保证明天就还我。
★小王说明天会还钱。

4. 现在流行网上购物，越来越多的人选择在网上买东西，因为在网站上买东西很方便，而且比去商店买便宜。
★网上购物比较麻烦。

5. 您放心，只要是在我店购买的家具，不管价钱多少，不管您家离这儿多远，我们都会为您提供送货上门服务。
★那家店为顾客送家具。

第二部分

第 6—12 题：请选出正确答案。

6. 男：小姐，您好！您想买什么家具我给您介绍一下。
女：谢谢，我想看看沙发，这种沙发有别的颜色的吗？
问：女的要买什么？

7. 男：这条裙子挺漂亮的，你穿上试试？
女：这个不适合我，再去前面看看别的吧。
问：女的觉得裙子怎么样？

8. 男：小姐，我女儿要买多少钱一张的票？
女：您好，您的六十，您孩子不到 1 米 2，半价。
问：女儿的票多少钱一张？

9. 女：那些家具孙阿姨看了吗？她觉得怎么样？
男：她比较满意，只是问价格能不能打点儿折。
问：孙阿姨觉得那些家具怎么样？

10. 男：妈，我刚在网上买了台洗衣机，明天上午送到，您明天注意接一下电话。
女：好的。钱交了吗？
问：洗衣机哪天能送到？

11. 男：我觉得这沙发挺好的，质量好，颜色也不错。
女：别着急，我们再看几家，看看其他的再决定也不迟。
问：女的是什么意思？

12. 女：一共三百七十九。现金还是刷卡？
男：我的现金不够，还是刷卡吧。
问：根据对话，下列哪个正确？

第三部分

第 13—22 题：请选出正确答案。

13. 女：咱家的洗衣机总出问题，商场正好打折，我们顺便买一台吧。
男：今天刚买了冰箱，带的钱不够了，下次再说？
女：我带着信用卡呢，给你。
男：好吧。
问：他们现在在哪儿？

14. 女：你最近哪天有空儿？
男：干什么？又想让我陪你逛街呀？
女：咱家的冰箱太旧了，制冷效果不好了，我想买个新的。
男：明天周六我要加班，后天咱们去商场看看。
问：男的哪天有空儿？

15. 男：这条红裙子你穿着挺漂亮的。
女：不过今年不怎么流行这个颜色。
男：那今年什么颜色受欢迎呢？
女：草绿色。
男：那你看旁边那条怎么样？
问：今年流行什么颜色？

16. 男：这件衬衫真好看，在哪儿买的？
女：在网上。
男：网上买衣服没法试穿，不适合我怎么办？
女：没关系，衣服一般都是可以换的。
男：那还不错。
问：男的担心网上买衣服会怎么样？

17. 女：咱们家这个空调太旧了。
男：是，制冷效果不太好了。
女：那咱们星期六去商店看看，买一台新的？
男：行。
问：他们打算买什么？

18. 女：这个周末我们邀请叔叔一家来吃饭，怎么样？
    男：好啊。不过咱们得提前准备一下。
    女：我看了，冰箱里只有几瓶饮料了。
    男：你想想该买什么，我下午就去超市。
    问：现在冰箱里有什么？

第 19 到 20 题是根据下面一段话：

您喜欢这双鞋？这个样子的鞋今年很流行，现在还有黑色的和蓝色的。穿起来很舒服，走路一点儿也不累。一双七百五十块钱，这个价格真的不贵，挺适合您穿的，您先试一试？

19. 关于这双鞋，可以知道什么？
20. 现在还有什么颜色的？

第 21 到 22 题是根据下面一段话：

对不起，先生，我们店的刷卡机坏了，只能用现金。不过商场一层有取款机，您下了电梯右转，走到头儿就能看到。这件衬衫我们先给您留着，您看可以吗？

21. 那位先生买了什么？
22. 那位先生为什么不能用银行卡付款？

参考答案

一、听力

1—5： × ✓ ✓ × ✓

6—12： A C B A B C D

13—22： B A C D B
B C D C D

二、阅读

23—26： E B C A

27—30： E B A D

31—34： BCA ACB BAC BCA

35—43： B D C A B A C B D

三、书写

44. 这台洗衣机的质量不错。
45. 他肯定不会同意你这么做。
46. 这是现在最流行的音乐。
47. 他不得不重新考虑这件事。
48. 我的普通话说得不太标准。
49. 今天好多商店都在打折，质量很好的东西也会很便宜。
50. 周末我最喜欢坐在沙发上喝喝咖啡、看看电视。

第 6 课　一分钱一分货

一、听力

第一部分

第 1—5 题：判断对错。

1. 对不起，先生，那种蛋糕已经卖完了，不过，您可以尝一下这种面包，味道也不错。
★他想买面包。

2. 哥，一会儿你洗完车，顺便去一趟超市好吗？帮我买点儿香蕉，再买几斤苹果。
★她想买些西红柿。

3. 您是要参加招聘会吗？这件就挺适合的，很正式。您可以试一试，试衣间在这边。
★他们在参加招聘会。

4. 该不该买房子，这是个值得认真考虑的问题。因为已经很高的房价，将来可能会降下来，但也有可能会变得更高。
★现在的房子很贵。

5. 家里的电脑太旧了，正好公司发了一万元奖金，我想星期天去买台电脑，你不会不同意吧？
★他想周日去买电脑。

第二部分

第 6—12 题：请选出正确答案。

6. 女：天都这么晚了，你还出去干什么？
男：我们明天去上海旅游，我要去买一个轻一点儿的行李箱。
问：男的现在要去做什么？

7. 男：我们店的衬衫和裤子现在都在打折，您看有什么需要的？
女：这条裤子有蓝色的吗？找一条我试试。
问：男的最可能是做什么的？

8. 男：现在买沙发，能免费送货上门吗？
女：可以，请您留个电话，我们三日内给您送到。
问：他们最可能在哪儿？

9. 女：你好，一共多少钱？
男：两斤西红柿、一斤葡萄，一共是二十块零五。
问：女的买什么了？

10. 男：这双鞋多少钱？
女：原价一千，现在打三折，很便宜。
问：这双鞋现在卖多少钱？

11. 女：下班陪我去逛街怎么样？最近许多商场在打折，我想去买条裙子。
男：今天不行，公司加班，星期六再去吧。
问：男的要做什么？

12. 男：小黄，又去逛街了？买什么东西了？
女：今天是母亲节，好多商店都在打折，我给我妈买了两件衣服。
问：关于女的，可以知道什么？

第三部分

第 13—22 题：请选出正确答案。

13. 男：你穿这件衣服看起来又高又瘦，很漂亮。
女：真的啊？太好了，你说我穿哪个颜色更好呢？
男：你穿这个黄色的就挺好，不过白的也不错。
女：那我再试试白的，两个比较一下。
问：女的是什么意思？

14. 女：小王，你也来商场购物啊？
男：我要买个行李箱。您要买什么？
女：今天休息，所以过来逛逛。你买行李箱要去哪儿？
男：我周末要去外地比赛。
问：男的最可能是做什么的？

15. 女：外面挺冷的，你把大衣穿上吧。
男：不用，我就去楼下超市买果汁，马上就回来。
女：你顺便再买两瓶牛奶吧。
男：没问题。
问：根据对话，可以知道什么？

16. 男：你在做什么呢？
女：我上网呢，想买个新的笔记本电脑。
男：你那台电脑是该换了。
女：用了两年多了，现在特别慢，太不好用了！
问：女的觉得那台电脑怎么样？

17. 女：中午吃西红柿鸡蛋面怎么样？
男：好啊，不过冰箱里好像没有面条了。
女：那我们现在去超市买。
男：好的。
问：他们中午想吃什么？

18. 男：现在我们店内的衣服都打八折，您看看有没有喜欢的？
    女：这条裙子不错，还有别的颜色吗？
    男：还有红色和黑色，您皮肤好，这几个颜色都适合您。
    女：给我拿条红色中号的，我试试。
    问：根据对话，下列哪个正确？

第 19 到 20 题是根据下面一段话：

王先生，您放心，只要是在我们店购买的洗衣机，一年内出现任何质量问题，我们都会免费给您修理。这是保修卡，使用中遇到什么问题，您可以通过上面的电话联系我们。

19. 王先生在买什么？
20. 保修期是多长时间？

第 21 到 22 题是根据下面一段话：

我昨天和同事去逛街，看到一个我一直想要的包。我笑着对同事说：“就是它，终于被我找到了！”我拿起包就问售货员：“这个包怎么卖？”这时，旁边一个帅哥很客气地对我说：“你喜欢这个包？”我说：“是！”。他笑着说：“可是这是我的包。”

21. 看到那个包，说话人怎么样？
22. 那个包是谁的？

参考答案

一、听力

1—5：× × × ✓ ✓

6—12：D B A C A B C

13—22：D D A B D
A D C A D

二、阅读

23—26：E B A C

27—30：D E A B

31—34：CAB ABC BAC BAC

35—43：B D B B D C C A D

三、书写

44. 这双袜子是弟弟给我的。
45. 瓶子里的水满了。
46. 火车上不提供免费的饮料。
47. 这次电影艺术节会在北京举行。
48. 非常感谢您对我们工作的理解和支持。
49. 我尝了尝，这个菜味道真不错。
50. 他送来的东西挺轻的，我自己带回去就行了。

第 7 课　最好的医生是自己

一、听力

第一部分

第 1—5 题：判断对错。

1. 尽管很辛苦，但他还是每天锻炼一个小时，几个月下来，减肥的效果很不错。
★他最近又胖了。

2. 春天天气时冷时热，很多人感冒，医生提醒人们要注意室内空气质量，早上起床后应该打开窗户换换空气。如果感冒了，要及时去医院。
★春天容易感冒。

3. 我们调查发现，差不多有五分之四的女人考虑过减肥，实际上，她们中的很多人并不胖。
★女人都想过减肥。

4. 每一包香烟上都印有“吸烟有害健康”的句子，就是告诉人们抽烟对身体不好，提醒人们要对自己的健康负责。
★自己要对健康负责。

5. 很多人一到周末就喜欢睡觉，而且一睡就是大半天。医生提醒我们，睡觉时间太长并不好，有时甚至会头疼，一般睡够八小时就可以了。
★睡太久对身体不好。

第二部分

第 6—12 题：请选出正确答案。

6. 女：你怎么这两天总是鼻子流血？快用纸擦擦。
男：我还不习惯北方的气候，估计是天气太干。
问：男的怎么了？

7. 男：我今天吃得太多了，肚子有点儿不舒服。
女：喝点儿热茶可能会好一些。
问：男的怎么了？

8. 男：大夫，我的牙最近特别疼，不知道是怎么回事。
女：你先躺这儿，好，张开嘴我看看。
问：男的哪里不舒服？

9. 女：你的腿怎么流血了？快去医院吧。
男：没关系，刚才踢足球不小心擦掉了点儿皮，不用去医院。
问：男的刚才怎么了？

10. 女：每天要按时吃药，注意休息，下个星期再来检查一次。
男：明白了，谢谢大夫，再见。
问：男的最可能在哪儿？

11. 女：我觉得我太胖了，所以我要减肥，以后不吃甜食了。
男：没那么严重吧。我觉得你胖一点儿更漂亮。
问：男的主要是什么意思？

12. 男：你怎么也在医院？身体不舒服？
女：不是，我同事突然肚子疼，我陪她来检查一下。
问：女的为什么来医院？

第三部分

第 13—22 题：请选出正确答案。

13. 女：你的咳嗽怎么一直没好？去医院看看吧。
男：不去，不是很严重，过两天就好了。
女：但是都一个星期了你也没好呀。
男：不去。我不想吃药。
问：男的为什么不去医院？

14. 女：我又胖了七八斤，必须减肥了。
男：你又要不吃饭？多影响健康啊！
女：我这次打算运动减肥，跑跑步、游游泳。
男：那还行。
问：女的打算怎样减肥？

15. 男：你不是说下班要去逛街吗？怎么回来了？
女：头有点儿疼，不想去了。
男：要不要去医院看看？
女：用不着，休息一会儿就好了。
问：女的怎么了？

16. 女：你的咳嗽不是很严重，我给你开点儿药，回去好好休息。
男：好，还有其他要注意的吗？
女：最近不要抽烟，多喝水。
男：好的，谢谢您，大夫。
问：医生让男的怎么做？

17. 男：怎么样？感觉好点儿了吗？
女：这些天一直在吃您开的药，比上次好多了。
男：那就好，回家还要按时吃药，一个星期后再来检查一下。
女：好的，大夫，谢谢您。
问：女的怎么了？

18. 女：你怎么了？脸色不太好。
    男：我肚子有点儿不舒服。
    女：要是严重的话，我陪你去医院吧。
    男：不用了，谢谢。
    问：男的怎么了？

第 19 到 20 题是根据下面一段话：

我最近眼睛总觉得特别干，医生说是因为我长时间对着电脑，眼睛太累。他告诉我用电脑四五十分钟后，就应该休息一下，多向远处看看，最好是多看看绿色的植物。

19. 说话人的眼睛为什么不舒服？
20. 根据这段话，怎样能保证眼睛健康？

第 21 到 22 题是根据下面一段话：

每个人都希望自己健康，那么到底什么才是健康呢？过去，人们认为健康就是指身体不生病。但是，现在人们认识到，健康既包括身体上的健康又包括精神上的健康。只有身体和精神都健康，才算是真正的健康。

21. 以前人们认为健康是什么？
22. 怎样才算是真正的健康？

参考答案

一、听力

1—5：× ✓ × ✓ ✓
6—12：C D B A C A D
13—22：D B A A C
D D B D C

二、阅读

23—26：C A E B
27—30：D A B E
31—34：ACB ACB CBA ABC
35—43：B C B D B A C C B

三、书写

44. 我还不太适应这里的气候。
45. 那位病人的情况严重吗？
46. 你把窗户关了吗？
47. 抽烟对身体没有好处。
48. 差不多有三分之二的人反对这样做。/ 有差不多三分之二的人反对这样做。
49. 她跳舞的动作看起来既标准又好看。
50. 人的一生不可能一直很顺利，总会有这样或那样的烦恼。

第 8 课　生活中不缺少美

一、听力

第一部分

第 1—5 题：判断对错。

1. 生活中遇到什么样的事情，我们无法选择，但我们可以选择态度。用一个能够带给我们快乐的方法，我们才能选对心情，选对生活态度。
   ★心情可以选择。

2. 小李最近心情不太好，可能是上次比赛没有打好，受了影响。你最好找个时间跟他谈一下，让他不要有压力，好好准备下次比赛。
   ★小李对上次比赛很满意。

3. 生气时不要急着下判断或做决定，因为此时做的决定很可能会让你以后后悔。
   ★生气时别急着做决定。

4. 你的办公环境会影响你的心情。如果环境干净，你每天都会感到愉快。所以，如果你的办公桌很乱，是时候改变它了。
   ★办公环境对心情没有影响。

5. 研究发现，吃甜的东西能使人心情愉快。所以，如果你觉得心烦，可以吃点儿蛋糕或者巧克力，这些甜的东西可能会给你带来好心情。
   ★吃甜的东西能使人心情变好。

第二部分

第 6—12 题：请选出正确答案。

6. 女：马老师，大家都说您越来越年轻了。
   男：谢谢，这话我爱听。
   问：男的现在心情怎么样？

7. 女：你喜欢听什么样的歌儿？
   男：我喜欢那些听起来浪漫的，让人感觉放松、心情愉快的。
   问：他们在谈什么？

8. 女：师傅，我去火车站。要多长时间？半小时能到吗？
   男：现在不堵车，估计十五分钟就能到。
   问：去火车站需要多长时间？

9. 女：这件事是我不对，我真的觉得很对不起您。
   男：没关系，过去的事情就让它过去吧，你也别太放在心上。
   问：男的是什么态度？

10. 女：下一个就是我了，我突然有点儿紧张。
男：没事，放松点儿，像平时练习时那样就可以。
问：女的现在心情怎么样？

11. 女：那位司机的服务态度很不错，我们玩儿得很愉快。
男：可不是，我们真应该好好谢谢他。
问：他们打算感谢谁？

12. 女：看你这高兴的样子，问题解决了？
男：是啊，白老师提醒我换一种方法试试，问题果然就解决了。
问：男的现在心情怎么样？

第三部分

第 13—22 题：请选出正确答案。

13. 女：世界公园到底是不是在东边啊？怎么还没到？
男：肯定没错，估计再有几分钟就到了吧。
女：再晚了我们就来不及看节目了。
男：别担心，下午还有呢。
问：女的现在心情怎么样？

14. 男：你今天心情不错，看样子有什么好事。
女：告诉你一个好消息，我通过法律考试了，可以当律师了。
男：太好了！老同学，这可真是个好消息。
女：谢谢！走，我们边走边谈。
问：女的为什么高兴？

15. 女：这里的景色真美，空气也好。
男：怎么样，心情好些了吗？
女：好多了，最近压力大，好久都没这么放松了，真是谢谢你。
男：不客气。
问：女的现在心情怎么样？

16. 男：小姐，您是今天第一个来我们超市的客人，我们准备了一个小礼物送给您。
女：真的吗？谢谢你！太高兴了。
男：这是我们超市送您的巧克力，祝您购物愉快。
女：谢谢。
问：女的为什么很高兴？

17. 男：这次活动非常成功，我们顺利完成了公司交给的工作。
女：辛苦了！
男：谢谢您对我们的支持。
女：能有这么大的成绩，主要是你们工作努力。
问：男的是什么心情？

18. 男：电影七点开始，下了班去来不及了吧？
　　女：应该来得及。
　　男：可是那个时候堵车很严重，出租车也不好打。
　　女：不用担心，我们坐地铁去，很快的。
　　问：男的担心什么？

第 19 到 20 题是根据下面一段话：

香蕉是一种“快乐水果”，因为吃香蕉能帮助人减轻压力，让人高兴。另外香蕉还有很多好处，睡觉前吃香蕉能让你睡得更好，多吃香蕉对我们的皮肤很好，而且香蕉还有不错的减肥效果。

19. 吃香蕉能给我们带来什么？
20. 根据这段话，以下哪个不是香蕉的好处

第 21 到 22 题是根据下面一段话：

科学研究证明，天气会影响人的心情，不同的天气会给人带来不同的感情变化。晴天会让人变得轻松，觉得心情愉快；阴天容易使人感到难过，干什么事情都没有精神；有些人在下雨天会觉得很舒服，变得安静下来；下雪天会让人兴奋，对我们的身体也有好处。

21. 根据这段话，哪种天气会使人觉得不舒服？
22. 根据这段话，晴天会让人的心情怎么样？

参考答案

一、听力

1—5：✓ × ✓ × ✓
6—12：B A A D B C C
13—22：B C B D B
A C B B C

二、阅读

23—26：C E B A
27—30：D B A E
31—34：ABC CAB BCA BCA
35—43：A B B A A B D C D

三、书写

44. 友谊宾馆离大使馆远吗？
45. 那位司机师傅对这儿非常熟悉。
46. 任何事情的发生都是有原因的。
47. 她们俩聊得非常愉快。
48. 她听到这个消息后伤心地哭了。
49. 不管你的心情是好是坏，生活总要过下去。
50. 他是个好大夫，对病人总是非常耐心。

第 9 课　阳光总在风雨后

一、听力

第一部分

第 1—5 题：判断对错。

1. 好的开始是成功的一半，很多事情开头做好了，以后就容易多了；开头没做好，后面会更困难。
★好的开始很重要。

2. 其实，只要我们真正努力过了，就不需要太关心结果。因为无论最后是成功还是失败，在努力的过程中，我们已经学到了很多东西。
★结果比过程更重要。

3. 为什么说没有失败就没有成功？因为我们可以从失败中发现自己的缺点，总结出很多经验，有了这些经验的积累，才有可能获得成功。
★没有失败就没有成功。

4. 我认为态度决定一切。如果一个人做事情积极、努力，那么他就更容易成功。如果一个人不积极、不努力、不认真，他再聪明也很难成功。
★聪明最重要。

5. 如果你想做什么事情，那就勇敢地去做吧。只有试过才知道能不能成功。实际上，即使最后不成功也没有关系，因为至少你努力过。
★不要担心失败。

第二部分

第 6—12 题：请选出正确答案。

6. 男：饿了吧？来块儿巧克力怎么样？
女：不，我最近在减肥，我吃个西红柿吧。
问：女的是什么意思？

7. 男：怎么又买这么多吃的，难道你不减肥了？
女：我减了一个月，结果一点儿也没瘦，我实在没有信心了。
问：女的是什么意思？

8. 男：你哥不是说三点到吗？都过去半个小时了，怎么还没出来？
女：他还得去取行李箱，您别担心，我打个电话问问。
问：男的怎么了？

9. 女：我实在跑不动了，你让我休息一会儿吧。
男：你才跑了十分钟，要坚持，至少再跑十分钟。
问：男的是什么意思？

10. 女：走，咱们一起去打网球吧，锻炼锻炼身体。
男：好主意，我很久没去运动了。你等我几分钟，我去换双运动鞋。
问：他们要去做什么？

11. 女：我本来以为任务能顺利完成，没想到事情会变成这样。
男：别着急，会慢慢好起来的。
问：任务怎么样了？

12. 男：发生这么大的事，你怎么没告诉校长呢？
女：当时他不在办公室，打他的电话又一直没人接。
问：女的为什么没把这事告诉校长？

第三部分

第 13—22 题：请选出正确答案。

13. 男：您能给我们介绍一些您的成功经验吗？
女：我觉得平时的积累是最重要的，要多向周围的人学习。
男：那您觉得您最大的优点是什么呢？
女：是诚实。
问：女的觉得自己怎么样？

14. 女：你今天怎么这么安静呀？
男：刚刚经理让我写篇总结，我正考虑怎么写呢。
女：总结？哪方面的？
男：招聘方面的。
问：经理让男的做什么？

15. 女：黄教授，我们想邀请您七月份也去我们那儿讲一次课，您看您有时间吗？
男：七月十二号以后应该都可以。
女：那我们暂时定七月十五号可以吗？正好是星期五。
男：好的，如果有什么变化我会提前和你联系的。
问：关于男的，可以知道什么？

16. 男：您穿这条裙子有点儿大。
女：那太好了，我就买这条。
男：还是给您换小一号的吧。
女：不用，我穿上它，朋友见了肯定会说我减肥成功了。
问：关于女的，可以知道什么？

17. 女：上海话和普通话的区别很大，上次去上海，我竟然一句也听不懂。
男：别说你听不懂，就连很多中国人听起来也很困难。
女：你的这个同学是上海人吧？
男：对，他虽然讲普通话，可是仔细听，还是有上海味儿。
问：男的的同学说话有什么特点？

18. 女：您为什么会写这本书呢？
男：这些年我经历了许多难忘的事情，我想把它们都写下来。
女：您想通过这本书告诉读者什么呢？
男：我主要想告诉大家，友谊是我们生命中不可缺少的。
问：男的为什么要写这本书？

第 19 到 20 题是根据下面一段话：

许多人都有过后悔的经历，其实，只要我们按照自己的想法去做了，就没什么后悔的，因为我们不可能把所有的事情都做对。另外，让我们走向成功的，往往是我们从过去做错的事情中得到的经验。

19. 许多人都有过怎样的经历？
20. 什么能帮助我们走向成功？

第 21 到 22 题是根据下面一段话：

有三个人参加长跑比赛，他们都很努力，却都没有得第一。这是不是说明三个都失败了？肯定不是，因为他们的目的不同。第一个人是想通过跑步锻炼身体；第二个人以前参加过长跑，这次是想得到一个更好的成绩；第三个人是第一次参加，只要能跑完，他就很高兴。这样看来，三个人都成功了。

21. 第一个人为什么参加比赛？
22. 说话人认为这三个人怎么样？

参考答案

一、听力

1—5：✓ × ✓ × ✓
6—12：D B A D C B A
13—22：C D A B B
D A D D C

二、阅读

23—26：C B A E
27—30：B E D A
31—34：CBA CAB CBA BCA
35—43：B A C C D D A D C

三、书写

44. 这场比赛赢得非常漂亮。
45. 弟弟紧张得出了一身汗。
46. 难道你没有先调查一下？/ 你难道没有先调查一下？
47. 他的办法取得了很好的效果。
48. 生活的压力并没有使他放弃理想。
49. 我每天都会跑步锻炼身体，虽然会出很多汗，但是觉得很舒服。
50. 这真是个不错的主意，值得一试。

第 10 课　幸福的标准

一、听力

第一部分

第 1—5 题：判断对错。

1. 科学研究发现，经常笑的人更容易感到幸福，而且更不容易生病。
★笑使人更健康。

2. 我爸爸是医生，妈妈是老师。我的性格很像我爸爸，我现在学医，理想就是以后成为一个像他那样的医生。
★他的职业是大夫。

3. 在我看来，幸福其实很简单，比如一天的工作结束后，洗个热水澡，然后躺在床上看看书，就很幸福。
★幸福是件很简单的事情。

4. 昨天我在报纸上看见一家公司在招聘高级翻译，要硕士，给出的条件还不错，你要不要去试试？
★那家公司在招人。

5. 什么是幸福？究竟怎样才算是真正的幸福？一百个人有一百个答案，每个人对幸福都有不同的理解。
★幸福有标准答案。

第二部分

第 6—12 题：请选出正确答案。

6. 女：听说下周附近要开一家新超市。
男：真的吗？那到时候咱们购物就方便多了。
问：新超市什么时候开？

7. 男：今天是母亲节，记得给你妈妈打个电话。
女：谢谢您的提醒，差点儿忘记了，我现在就打。
问：女的准备给谁打电话？

8. 女：你知道怎么去动物园吗？我明天要去动物园附近办点儿事。
男：我对那儿也不太熟悉，不过网上有地图，我帮你查查。
问：男的是什么意思？

9. 男：真的是往东走吗？我怎么觉得是在西边呢？
女：肯定是往东走，我以前来过这儿，相信我，保证错不了。
问：女的认为应该往哪个方向走？

10. 女：我听说过两天你要去旅游？
男：算是吧，我女朋友在北京读研究生，我去看看她。
问：根据对话，可以知道什么？

11. 男：您这次打算安排谁来翻译这份材料？
女：我看还是联系一家专业的翻译公司吧，他们翻译得也快一些。
问：女的准备找谁翻译这份材料？

12. 女：你看电视上说了吗？今年一个工作有一百个大学毕业生去面试。
男：关键还是看能力，有能力的人不怕找不到好工作。
问：男的认为什么是关键？

第三部分

第 13—22 题：请选出正确答案。

13. 男：你先去床上躺一会儿吧，等饭好了我叫你。
女：我没事，还是我来做吧。
男：你不舒服，今天我来做，马上就好。
女：那你简单做一点儿就行了。
问：女的怎么了？

14. 男：附近有没有条件好一点儿的宾馆？
女：有啊，怎么了？
男：我叔叔一家下周要来旅游，家里住不下。
女：北边不远就有一家，条件好，价格也不算贵。
问：男的为什么要找宾馆？

15. 女：见到你真高兴，听说你在读研究生？
男：是的，现在读二年级。
女：还是原来的专业吗？
男：不是，我现在学的是经济学。
问：关于男的，下列哪个正确？

16. 男：你陪我去公园走走？
女：可是你的腿……
男：不用担心，已经不疼了，医生说要多活动活动才会好得快。
女：那好，我帮你拿件衣服，外面有点儿冷。
问：关于男的，可以知道什么？

17. 女：昨天看的房子怎么样？
男：还可以，交通比较方便，离咱公司也不远。
女：那就快点儿租下来啊。
男：其他都好，关键是房租太高。
问：男的认为房子怎么样？

18. 男：你硕士读的什么专业？
女：法律，国际法。
男：那你是打算将来当律师？
女：不一定，我还是比较喜欢在学校工作，可以的话，我想留校当老师。
问：女的学的是哪个专业？

第 19 到 20 题是根据下面一段话：

十五岁时，我问母亲她最幸福的事是什么，母亲回答说："你第一次叫我'妈妈'。"二十五岁时，我也有了自己的女儿，回想起母亲当时说的这句话，不知为什么，我一下子哭了。

19. 想起妈妈的话，说话人怎么了？
20. 关于说话人，可以知道什么？

第 21 到 22 题是根据下面一段话：

幸福的标准是不同的。有人觉得有房子和汽车就是幸福，有人认为找到真正的爱情就是幸福，有人却相信在工作中获得肯定和成功才是幸福。所以，了解自己想要的，才容易获得幸福和快乐。

21. 怎样才更容易快乐？
22. 这段话主要谈什么？

参考答案

一、听力

1—5： ✓ × ✓ ✓ ×
6—12： B B C A B D A
13—22： D C C D D
C A A D B

二、阅读

23—26： C E A B
27—30： D A E B
31—34： BAC CBA CAB CBA
35—43： C D C B C B C D A

三、书写

44. 这个句子翻译得不对。
45. 她是马教授的硕士研究生。
46. 积极的态度是成功的关键。
47. 他各方面条件都符合要求。
48. 职业和专业并没有太大关系。
49. 她最近工作很忙，常常加班，实在太困了。
50. 他找不到这个问题的答案。